中国人民大学2020年度
"中央高校建设世界一流大学（学科）和特色发展引导专项资金"支持

智库丛书
Think Tank Series

国家发展与战略丛书
人大国发院智库丛书

中国城市住房可支付指数研究

Urban Housing Affordability Index in China

况伟大 著

中国社会科学出版社

图书在版编目（CIP）数据

中国城市住房可支付指数研究／况伟大著 . —北京：中国社会科学出版社，2020.6

（国家发展与战略丛书）

ISBN 978－7－5203－6568－0

Ⅰ.①中⋯　Ⅱ.①况⋯　Ⅲ.①住宅—支付能力—研究—中国　Ⅳ.①F299.233.5

中国版本图书馆 CIP 数据核字（2020）第 091258 号

出 版 人	赵剑英
责任编辑	李海莹　马　明
责任校对	任晓晓
责任印制	王　超
出　　版	中国社会科学出版社
社　　址	北京鼓楼西大街甲 158 号
邮　　编	100720
网　　址	http://www.csspw.cn
发 行 部	010－84083685
门 市 部	010－84029450
经　　销	新华书店及其他书店
印　　刷	北京君升印刷有限公司
装　　订	廊坊市广阳区广增装订厂
版　　次	2020 年 6 月第 1 版
印　　次	2020 年 6 月第 1 次印刷
开　　本	710×1000　1/16
印　　张	12.5
插　　页	2
字　　数	158 千字
定　　价	65.00 元

凡购买中国社会科学出版社图书，如有质量问题请与本社营销中心联系调换
电话：010－84083683
版权所有　侵权必究

前　言

　　住房可支付（housing affordability）问题是全球面临的共同问题。[①]众所周知，住房具有消费和投资双重属性，住房市场分为买卖市场（所有权市场）和租赁市场（使用权市场）。住房可支付包括房价可支付和房租可支付，分别以房价收入比和房租收入比表示。准确测度住房可支付性非常困难和颇有争议。现有测度住房可支付指标包括美国住房城市发展部（HUD）采用的30%居民收入指标以及联合国人居中心和世界银行提出的3—6倍房价收入比指标。[②]但是，传统住房可支付指标基于经验和现实可操作性确定住房可支付标准不仅缺乏理论基础，而且不能动态反映家庭消费偏好以及收入变化。另外，住房可支付问题实质为住房消费问题而非住房投资问题，但是30%的房租可支付指标和3—6

---

　　① Alain Bertaud ed., *15th Annual Demographia International Housing Affordability Survey: 2019, Data for 3rd Quarter 2018*, MIT Press, 2018.
　　② Andrew Hamer, *China: Urban Land Management in an Emerging Market Economy*, Washington, D.C., World Bank, 1993.

倍房价可支付指标是分割的，未统一在住房消费框架下。根据产权选择理论（tenure choice theory），消费者可经租房或买房解决住房消费问题，住房买卖市场和租赁市场实现共同均衡。因此，本书首先基于马斯洛需求层次理论确定居民消费层次和消费顺序，然后基于居民收入指标和住房贫困指标动态确定住房可支付边界值，最后基于产权选择理论，构建和编制房价可支付指数和房租可支付指数联合分布，丰富住房可支付指数体系。

本书共五部分，包括引言，住房可支付理论模型，中国35个大中城市房租可支付指数及其分布，中国35个大中城市房价可支付指数及其分布，以及中国35个大中城市住房可支付指数联合分布。

第一部分介绍研究背景及意义、文献综述以及创新之处。

第二部分根据马斯洛需求层次理论划分居民消费顺序和层次，构建住房可支付理论模型，确定住房可支付边界值及其指数。本书基于马斯洛需求层次以及中国居民消费品种类，划分中国居民消费顺序为食品、居住、衣着、交通通信、医疗保健、文教娱乐、家庭设备用品及服务、其他用品和服务。本书在假定家庭收入全部用于消费需求的基础上，首先将食品作为最基本生理需求，若家庭收入不能完全满足食品需求，更无法满足住房及其他需求，则住房不可支付。因此，由恩格尔系数可确定住房不可支付理论边界值。其次，衣着和交通通信（"衣"和"行"）可满足居民生理、爱和社交、尊重以及自我实现需求，是比食品和居住（"食"和"住"）更高层次的消费需求。因此，若家庭收入仅能满足食品和居住需求，但不能满足衣着和交通通信需求，则存在严重住房支付困难。再次，医疗保健和文教娱乐可满足居民生理、安全、爱和社交、尊重以及自我实现需求，是比"衣食住行"更高层次的消费需求。因此，若家庭收入能满足"衣食住行"，但不能满足医疗保健和文教娱乐需求，则存在轻度住房支付困难。最后，家庭设备用品及服务以及其他用品和服务主要满足居民爱和社交、尊重以及自我实现需求，是最高层次需求。因此，若家庭收入能满足家庭设备用品及服务以及其他用品和服务需求，则不存在住房支付困难。当租赁市场房租等于买卖市场住房使用成本（user cost）时，消费者租房和买房无差异，住房支出收入比可经住房使用成本转换为房价收入比。因居民消费支出是动态变化的，所以住房可支付理论边界值也是动态变化的，可以克服收入指标固定不变以及居住贫困指标无法确定基本消费品种类和数量的问题。

第三部分在第二部分住房可支付理论模型的基础上将中等收入者房租可支付性划分为负担不起、严重支付困难、轻度支付困难和无支付困难4个等级，并与现有传统住房可支付指标进行比较分析，发现传统指标高估房租支付困难程度，低估中等收入者房租可支付能力。1998—2018年中国35个大中城市中等收入者房租收入比总体呈下降趋势，中等收入者房租可支付性逐年增强，租不起仅存在房改早期以及某些特定城市。2018年哈尔滨和福州中等收入者存在房租轻度支付困难，其他33个大中城市中等收入者均不存在房租支付困难。东部城市中等收入者房租可支付性不平等程度（housing affordability inequality）高于中西部城市，应重点解决东部城市中低收入者房租可支付问题。

第四部分在第二部分住房可支付理论模型基础上将中等收入者房价支付困难程度划分为负担不起、严重支付困难、轻度支付困难和无支付困难4个等级，对1998—2018年中国35个大中城市住房市场以及家庭收入数据实证发现，传统房价收入比指标高估房价支付困难程度，低估房价支付能力，本书的房价收入比边界值比3—6倍房价收入比经验值更能动态反映房价可支付性，更能准确测度中等收入者房价支付困难程度。确定房价收入比理论边界值需科学估算住房使用成本，估算住房使用成本基于房价预期增长率。本书基于理性预期和非理性预期分别估算住房使用成本以及房价收入比理论边界值，发现理性预期房价增长率下1998—2018年中国35个大中城市平均房价收入比总体呈上涨趋势，但只有少数城市中等收入者在个别年份存在房价严重支付困难和负担不起问题。尽管非理性预期房价增长率下2000—2018年中国35个大中城市中等收入者房价支付困难程度波动较大，但非理性房价增长预期下35个大中城市中等收入者不同年份均存在买不起问题。与理性预期相比，非理性预期更易引发房价预期过度乐观，导致更多城市中等收入者买不起。

第五部分根据第二部分住房可支付理论边界值和产权选择理论构建房价和房租可支付指数联合分布。理性预期下，1998—2018年中国35个大中城市既有买不起也有租不起城市，大部分城市中等收入者既买得起也租得起，少数城市中等收入者买得起租不起，但租不起城市逐年减少。非理性预期下，早期多数城市中等收入者买得起又租得起，少数城市中等收入者存在"买得起但租不起""买不起但租得起""既买不起又租不起"情形，近期多数城市中等收入者买得起也租得起，少数城市中等收入者买不起但租得起，但非理性预期下中等收入者买不起和租不起的城市数量多于理性预期下中等收入者买不起和租不起的城市数量。非理性预期较理性预期进一步恶化中等收入者住房可支付能力，引发中等收入者住房支付危机。最后，近些年中国房价上涨预期使住房投资属性凸显，住房消费属性弱化，相对房租可支付性，中等收入者房价可支付性更弱。无论是住房不可支付程度还是不可支付城市数量,中等收入者房价不可支付程度均大于房租不可支付程度,中等收入者房价不可支付城市数量均多于房租不可支付城市数量。因此,为实现"房住不炒",应重点关注和解决房价可支付问题。

目　录

第一章　引言 ………………………………………………（1）
　一　研究背景 ………………………………………………（1）
　二　文献综述 ………………………………………………（5）

第二章　住房可支付理论模型 …………………………（15）
　一　住房可支付理论边界值 ……………………………（15）
　二　住房可支付标准划分 ………………………………（24）

第三章　中国 35 个大中城市房租可支付指数及其分布 ………（27）
　一　房租可支付标准划分 ………………………………（27）
　二　数据及说明 …………………………………………（27）
　三　房租可支付指数构建 ………………………………（28）
　四　1998—2018 年中国 35 个大中城市房租可支付指数
　　　分布 …………………………………………………（29）
　五　按城市等级划分的房租可支付指数分布 …………（35）

六　按区域划分的房租可支付指数分布 …………………… (41)

七　1998—2018 年中国 35 个大中城市房租可支付指数
排序 ………………………………………………………… (46)

八　主要结论与政策建议 …………………………………… (51)

第四章　中国 35 个大中城市房价可支付指数及其分布 ……… (54)

一　房价可支付标准划分 …………………………………… (54)

二　数据及说明 ……………………………………………… (56)

三　房价可支付指数构建 …………………………………… (56)

四　1998—2018 年中国 35 个大中城市房价可支付指数
分布 ………………………………………………………… (59)

五　按城市等级划分的房价可支付指数分布 ……………… (78)

六　按区域划分的房价可支付指数分布 …………………… (97)

七　1998—2018 年中国 35 个大中城市房价可支付指数
排序 ………………………………………………………… (115)

八　主要结论与政策建议 …………………………………… (126)

第五章　中国 35 个大中城市住房可支付指数联合分布 ……… (129)

一　住房可支付指数联合分布构建 ………………………… (129)

二　理性预期下中国 35 个大中城市住房可支付指数
联合分布 …………………………………………………… (130)

三　非理性预期下中国 35 个大中城市住房可支付指数
联合分布 …………………………………………………… (143)

四　主要结论与政策建议……………………………………（167）

第六章　主要结论与政策建议……………………………（170）
　一　主要结论………………………………………………（170）
　二　政策建议………………………………………………（172）

参考文献……………………………………………………（175）

后　记………………………………………………………（184）

第一章

引　言

一　研究背景

消除住房贫困是 2015—2030 年联合国可持续发展目标之一。无论是发展中国家还是发达国家，住房可支付（housing affordability）问题是全球面临的共同问题。① 住房可支付指数（housing affordability index，HAI）测度家庭收入能否负担住房支出。住房可支付包括房价可支付和房租可支付，通常以房价收入比和房租收入比表示。图 1-1 显示，1998—2018 年中国 35 个大中城市房价收入比持续上升，由 1998 年的 5.38 增至 2018 年的 10.67，房租收入比持续下降，由 1998 年的 0.49 降至 2018 年的 0.26。住房可支付指数应用广泛，但房价和房租可支付性未统一在住房消费框架下，住房可支付指标有待深化和拓展。住房可支付指数是住房市场、经济和社会健康可持续发展的晴雨表和指示器，事关住房政策有效性、住房泡沫和住房金融风险、住房保障、经济"脱虚向实"、人才流动以及地方政府"土地财政"。尽管国内外研究和住房政策涉及不同收入群体住房可支付性，但中等

---

① Alain Bertaud ed., *15th Annual Demographia International Housing Affordability Survey: 2019, Data for 3rd Quarter 2018*, MIT Press, 2018.

收入者住房支付困难问题是学术研究以及政府干预的重点。

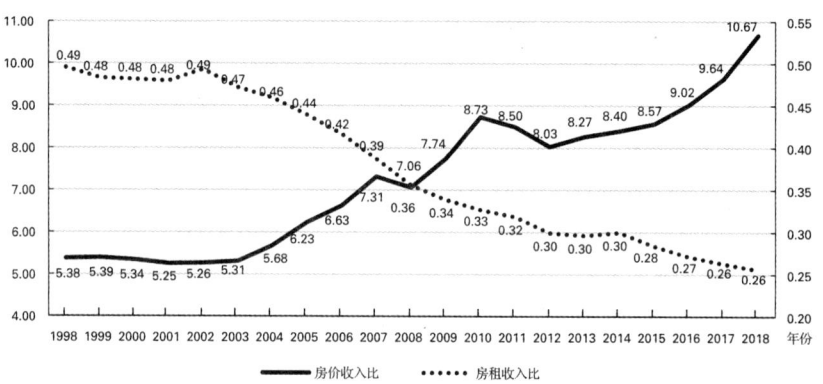

图 1-1　1998—2018 年中国 35 个大中城市房价收入比和房租收入比

资料来源：房价、城镇居民人均可支配收入来自各市统计年鉴和《国民经济和社会发展统计公报》，房租数据由 2011 年禧泰房产数据库城市房租数据（http://www.cityre.cn）和租赁价格指数计算而得。

首先，现有住房可支付指标不仅缺乏理论基础，而且未反映家庭偏好和收入动态变化。① Kutty 发现，30% 的居住收入指标高估低收入者住房可支付能力。② 特别是，现有住房可支付指标未从理论上解释住房可支付指标边界值的合理性。因此，本书基于马斯洛需求层次理

---

① Quan Gan and Robert J. Hill, "Measuring Housing Affordability: Looking Beyond the Median", *Journal of Housing Economics*, Vol. 18, No. 2, 2009, pp. 115 – 125. Lynn M. Fisher, Henry O. Pollakowski and Jeffrey Zabel, "Amenity-based Housing Affordability Indexes", *Real Estate Economics*, Vol. 37, No. 4, 2009, pp. 705 – 746. Danny Ben-Shahar, Stuart Gabriel and Roni Golan, "Housing Affordability and Inequality: A Consumption-Adjusted Approach", *Journal of Housing Economics*, Vol. 45, 2019, Forthcoming.

② Nandinee K. Kutty, "A New Measure of Housing Affordability: Estimates and Analytical results", *Housing Policy Debate*, Vol. 16, No. 1, 2005, pp. 113 – 142.

论（Maslovian needs hirarchy）确定不同消费层次的住房可支付指数理论边界值，拓展现有住房可支付指数研究。

其次，住房可支付问题本质为住房消费问题，而非住房投资问题，现有研究未将房价和房租可支付性统一在住房消费分析框架。① 传统30%的居住收入指标和3—6倍房价可支付指标无内在联系。住房具有消费和投资双重属性，居民既可经买房也可经租房解决住房消费问题。因此，本书根据产权选择理论（tenure choice theory）将房价和房租可支付性统一在住房消费分析框架下。

综上，本书基于马斯洛需求层次理论和产权选择理论研究和编制住房可支付指数，丰富住房可支付研究，为实现"房住不炒"、"因城施策"、防范住房风险以及经济"脱虚向实"提供理论依据和经验支持。具体而言，本书的理论意义和实践意义体现在九个方面。

理论意义体现在以下三方面。

第一，基于消费需求层次动态确定住房可支付理论边界值。现有研究将美国住房与城市发展部（HUD）30%家庭收入边界值作为住房支出最大值，不仅缺乏理论依据，而且不能动态反映家庭消费偏好以及收入时空分布。因此，本书基于马斯洛需求层次理论界定不同消费层次住房支出最大值及其住房可支付理论边界值，拓展住房可支付理论研究。

---

① Bertand Renaud, "Affordability, Price-income Ratio and Housing Performance: an International Perspective", Working Paper No.52, Centre of Urban Planning and Environmental Management, Univeirsity of Hong Kong, 1991. Bertand Renaud, "The Real Estate Economy and the Structure of Housing Reforms in Socialist Economies", Working Paper No.64, Centre of Urban Planning and Environmental Management, Univeirsity of Hong Kong, 1994. Alain Bertaud ed., *15th Annual Demographia International Housing Affordability Survey: 2019, Data for 3rd Quarter 2018*, MIT Press, 2018.

第二，基于住房特性将房价可支付性和房租可支付性统一在住房消费框架下。前已述及，住房可支付问题本质上为住房消费问题。现有房价可支付指标和房租可支付指标是分割的，缺乏内在联系。本书产权选择理论将房价可支付指标和房租可支付指标统一在住房消费框架下，进一步拓展现有住房可支付指标研究。

第三，从联合概率分布视角丰富住房可支付指数体系。前已述及，现有住房可支付指标未统一在住房消费框架下。本书基于产权选择理论分析住房买卖市场和租赁市场是否实现共同均衡，消费者是否买得起和租得起，构建住房可支付指数联合分布，进一步丰富住房可支付指数体系。

实践意义体现在以下六方面。

第一，为实现"房住不炒"和"住有所居"提供理论依据。2017年党的十九大提出"房住不炒"定位，建立多主体供给、多渠道保障、租购并举的住房制度。近些年，中国一些城市房价和房租上涨过快，中低收入者面临买不起和租不起问题。因此，构建和编制住房可支付指数，有助于科学测度居民住房支付困难程度，为实现"房住不炒"以及"住有所居"提供决策依据。

第二，为准确测度住房可支付性，防止住房泡沫和化解住房风险提供依据。根据股利折现模型（DDM），房租决定房价的基本价值，房价与基本价值偏离为住房泡沫成分。本书住房可支付指数以房价收入比和房租收入比测度房价和房租可支付程度，可反映住房市场泡沫程度，有助于防范和化解住房市场风险。

第三，为精准施策，发挥城市主体责任提供证据。住房可支付指数可准确测度不同地区和居民住房支付困难程度。对房价和房租不可支付地区，地方政府应重点提升经济增长和居民收入，采取限购、限贷等政策抑制房价和房租过快增长，提升居民房价和房租支付能力，同时提高住房保障水平，为最低收入者提供住房保障。对房价和房租可支付地区，地方政府只需解决最低收入者住房问题，提高住房保障水平。本书住房可支付指数研究有助于住房政策精准施策，明确城市主体责任。

第四，为提高住房保障水平，"保民生"提供依据。住房可支付指数可精准测度居民住房支付困难程度，住房不可支付程度越高，"保民生"压力越大，住房保障水平越高。本书住房可支付指数研究可为政府精准扶贫，提高住房保障水平提供依据。

第五，为实现经济"脱虚向实"提供证据。住房可支付指数不仅测度房价和房租可支付能力，而且测度住房泡沫程度，表示住房投资过热程度，反映住房市场与实体经济的关系。本书住房可支付指数研究可为经济"脱虚向实"，实现经济转型提供证据。

第六，为促进人才流动和创新提供证据。住房可支付性影响人才流动。房价和房租可支付地区，会减少居民住房成本，可吸引和留住人才。房价和房租支付困难地区，会增加居民住房成本，难以吸引和留住人才。因此，为吸引和留住人才，房价和房租支付困难地区纷纷出台"人才房"政策。本书住房可支付指数研究可为促进人才流动和创新提供证据。

二 文献综述

住房可支付问题长期存在，早期文献重点研究住房可支付指标及其优化，后来文献研究住房可支付问题成因。

最早文献研究住房可支付测度，准确测度住房可支付性非常困难和颇有争议，如表1-1所示。

表1-1　　　　　　　　　五种住房可支付指标比较

指标	代表人物	性质	内涵	边界值	缺点	应用
收入指标	美国住房与城市发展部（HUD，1998）	需求指标	中间收入者住房支出与收入之比	30%（欧美等多数国家），50%（中国等少数国家）	1. 便于操作，缺乏理论基础 2. 静态指标，无法反映家庭偏好、收入、住房质量和支出动态变化	广泛
居住贫困指标	Stone（1994，2006）	需求指标	住房成本超过家庭收入可用于住房支出最大值	家庭收入可用于住房支出最大值	住房支出随家庭收入、规模和类型而异，很难确定非住房支出最小值	少用
质量指标	Lerman and Reeder（1987）	供给指标	特定比例家庭收入与特定住房质量住房成本	1	1. 供求不平衡 2. 住房质量数据难以取得	少用
供给量指标	Bogdon et al.（1994）	供给指标	特定房租水平住房空置率或不同房租水平可支付住房数量	住房空置率	1. 未考虑区位和社区特征 2. 将收入30%作为住房可支付标准	少用

续表

指标	代表人物	性质	内涵	边界值	缺点	应用
住房可支付不匹配指标	Bogdon and Can（1997）	供求结合指标	特定收入组家庭可支付住房数量与家庭数量之比	1	将收入30%作为住房可支付标准	少用

资料来源：Michael E. Stone, "A Housing Affordability Standard for the UK", *Housing Studies*, Vol. 21, No. 4, 2006, pp. 453 – 476. Michael E. Stone, "Whose Shortage of Affordable Housing? A Comment", *Housing Policy Debate*, Vol. 5, No. 4, 1994, pp. 443 – 458. Donald L. Lerman and William J. Reeder, "The Affordability of Adequate Housing", *Real Estate Economics*, Vol. 15, No. 4, 1987, pp. 389 – 404. Amy Bogdon, Joshua Silver and Margery A. Turner, *National Analysis of Housing Affordability, Adequacy, and Availability: A Framework for Local Housing Strategies*, Department of Housing and Urban Development: Washington, D. C., 1994. Amy Bogdon, and Ayse Can, "Indicators of Local Housing Affordability: Comparative and Spatial Approaches", *Real Estate Economics*, Vol. 25, No. 1, 1997, pp. 43 – 80.

住房可支付指标包括收入指标（Percentage of Income Measure）、居住贫困指标（Shelter Poverty）、质量指标（Quality Based Measure）、供给量指标（Measures of the Supply of Housing Affordability Units）和住房可支付性不匹配指标（Housing Affordability Mismatch）五类。其中，收入指标和居住贫困指标是需求指标，质量指标和供给量指标是供给指标，住房可支付性不匹配指标是供求结合指标。收入指标是指中间收入者（Median Income Household）住房支出与收入之比，是住房可支付最常用指标。《美国联邦住房可支付法案》（The Cranston-Gonzalez National Affordable Housing Act）规定可支付房租不能超过可调整收入的30%。[①] 美国抵押贷款发

---

① National Housing Strategy, *The Affordability of Australian Housing Issues*, Paper No. 2, 1991.

放标准与30%住房可支付指标基本一致，月供不能超过月收入的29%。但是，收入指标边界值由实务部门提出，不仅缺乏理论基础，而且为静态指标，无法反映家庭偏好、收入、住房质量和支出的动态变化。为克服均值和中间值住房可支付指标缺陷，Fisher et al. 使用随机效应特征价格模型（random-effects hedonic price equation）和2005—2006年波士顿141个镇住房交易数据，基于区位宜人条件（location-based amenities）构建波士顿镇级区位住房可支付指数（area affordability）。[①] 为反映居民偏好，Ben-Shahar et al. 首先根据家庭人口结构、地理位置和年份对家庭进行分组（cohort），然后使用特征价格模型和1998—2015年以色列微观数据估计不同分组家庭房价，最后构建消费调整的住房可支付指数（consumption-adjusted housing affordability measure），发现以色列少数民族和无特权家庭的住房可支付及其不平等程度（housing affordability inequality）恶化。[②] Li et al. 将50%作为住房支付困难指标，使用中国2014—2018年275个城市面板数据以及2015年某主要城市微观数据，发现只有明星城市存在严重住房支付困难。[③] 居住贫困指标是指住房成本超过家庭收入可用于住房支出最大值。[④] 住房支出随家庭收入、规模和类型不同，无法确定基本消费品种类和数量，居住贫困指标很难确定非住房支出最小值，一种改进方法是

---

① Lynn M. Fisher, Henry O. Pollakowski and Jeffrey Zabel, "Amenity-based Housing Affordability Indexes", *Real Estate Economics*, Vol. 37, No. 4, 2009, pp. 705–746.

② Danny Ben-Shahar, Stuart Gabriel and Roni Golan, "Housing Affordability and Inequality: A Consumption-adjusted Approach", *Journal of Housing Economics*, 2019, Forthcoming.

③ Keyang Li, Yu Qin and Jing Wu, "Recent Housing Affordability in Urban China: A Comprehensive Overview", *China Economic Review*, Vol. 59, 2020 Forthcoming.

④ Michael E. Stone, "Whose Shortage of Affordable Housing? A Comment", *Housing Policy Debate*, Vol. 5, No. 4, 1994, pp. 443–458. Michael E. Stone, "A Housing Affordability Standard for the UK", *Housing Studies*, Vol. 21, No. 4, 2006, pp. 453–476.

对最新一揽子非住房必需品进行测度。① 此外，过度消费家庭和真正住房贫困家庭也应区分开。② 质量指标是指特定比例家庭收入是否大于特定住房质量的住房成本。③ 该指标缺陷在于：一是满足特定质量的住房能否满足低收入者需求，二是家庭收入为暂时收入而非持久收入，三是住房质量数据难获取。供给量指标是指特定房租水平的住房空置率或不同房租水平的可支付住房数量。④ 供给量指标缺陷有两方面：一是未考虑区位和社区特征，二是仍将收入的30%作为住房可支付标准。住房可支付不匹配指标是指特定收入组家庭可支付住房数量与家庭数量之比。⑤ 尽管住房可支付不匹配指标将供求结合，但仍将30%作为住房可支付指标。Gan and Hill 将住房可支付划分为购买可支付性（purchase affordability）、还贷可支付性（repayment affordability）和收入可支付性（income affordability）三类，使用1996—2006年澳大利亚悉尼和1999—2006年美国休斯敦收入和房价实证数据，发现悉尼的收入和还贷可支付性下降，但购买可支付性保持稳定。⑥ Backman and Lutz 对2009—2016年丹麦个人住房贷款数据实证发现，只有利息抵押贷款（interest-only mortgages）有助于缓解融资约束

---

① Nandinee K. Kutty, "A New Measure of Housing Affordability: Estimates and Analytical Results", *Housing Policy Debate*, Vol. 16, No. 1, 2005, pp. 113–142.

② Philippe Thalmann, "'House Poor' or Simply 'poor'?", *Journal of Housing Economics*, Vol. 12, No. 4, 2003, pp. 291–317.

③ Donald L. Lerman and William J. Reeder, "The Affordability of Adequate Housing", *Real Estate Economics*, Vol. 15, No. 4, 1987, pp. 389–404.

④ Amy Bogdon, Joshua Silver and Margery A. Turner, *National Analysis of Housing Affordability, Adequacy, and Availability: A Framework for Local Housing Strategies*, Department of Housing and Urban Development: Washington, D. C., 1994.

⑤ Amy Bogdon and Ayse Can, "Indicators of Local Housing Affordability: Comparative and Spatial Approaches", *Real Estate Economics*, Vol. 25, No. 1, 1997, pp. 43–80.

⑥ Quan Gan and Robert J. Hill, "Measuring Housing Affordability: Looking Beyond the Median", *Journal of Housing Economics*, Vol. 18, No. 2, 2009, pp. 115–125.

和高价地区借款人住房支付困难。① Eriksen and Lang 对美国低收入者住房税收优惠项目［The Low-Income Housing Tax Credit（LIHTC）program］实证发现，"人头补贴"（tenant-based subsidies）较"砖头补贴"（place-based subsidies）更有效。② Braakmann and McDonald 对 2009 年 1 月至 2013 年 12 月英国住房交易数据实证发现，减少租房补贴（cuts to rental subsidies）会减少住房需求和降低房价，但提高住房房租补贴会产生住房可支付问题。③

最近文献考察住房可支付决定因素。Stutz and Kartman 认为住房可支付决定因素包括气候、人均收入以及土地和房地产调控政策，建议放松管制和取消财产税。④ Quigley and Raphael 发现房租上涨加剧贫困和接近贫困家庭负担，现有土地制度导致住房供给减少和住房价格上升。⑤ Skaburskis 对 1991 年和 1996 年加拿大人口普查数据实证发现，就业率和家庭收入是住房贫困的重要因素。⑥ Guest 对澳大利亚首次买房家庭住房可支付调查发现，住房

---

① Claes Backman and Chandler Lutz, "The Impact of Interest-only Loans on Affordability", *Regional Science and Urban Economics*, Vol. 80, 2020, Forthcoming.

② Michael D. Eriksen and Bree J. Lang, "Overview and Proposed Reforms of the Low-income Housing Tax Credit Program", *Regional Science and Urban Economics*, Vol. 80, 2020, Forthcoming.

③ Nils Braakmann and Stephen McDonald, "Housing Subsidies and Property Prices: Evidence from England", *Regional Science and Urban Economics*, Vol. 80, 2020, Forthcoming.

④ Frederick P. Stutz and Arthur E. Kartman, "Housing Affordability and Spatial price Variations in the United States", *Economic Geography*, Vol. 58, No. 3, 1982, pp. 221 – 235.

⑤ John M. Quigley and Steven Raphael, "Is Housing Unaffordable? Why isn't it More Affordable?", *Journal of Economic Perspectives*, Vol. 18, No. 1, 2004, pp. 191 – 214.

⑥ Andrejs Skaburskis, "Decomposing Canada's Growing Housing Affordability Problem: Do City Differences Matter?", *Urban Studies*, Vol. 41, No. 1, 2004, pp. 117 – 149.

可支付政策对住房需求和房价影响很小。① Wood and Stoakers 对 1981—2001 年澳大利亚维多利亚城数据实证发现，家庭特别是低收入家庭住房可支付在长期更强。② Norris and Shiels 发现，高房价未导致爱尔兰住房支付困难，但使首次购房者购房更困难。③ 张清勇使用固定住房面积对 1999—2005 年中国省级房价收入比（PIR）测算发现，4 个省的 PIR 小于 4，25 个省的 PIR 介于 4—8，北京和上海的 PIR 分别为 10.3 和 8.4。④ 周仁等采用剩余收入法和供需不匹配指标对 2000—2010 年上海住房市场实证发现，房价上涨使住房可支付恶化，住宅户型结构不合理是住房可支付恶化主因。⑤ 况伟大基于恩格尔系数构建动态住房可支付指数，并使用中国 35 个大中城市数据进行实证检验。⑥ Bolotnyy 对 1996—2002 年美国房利美（Fannie Mae）和房地美（Freddie Mac）住房抵押贷款购买数据实证发现，居者有其屋政策（Affordable Housing Goals）

---

① Ross S. Guest, "A Life Cycle Analysis of Housing Affordability Options for First Home Owner-occupiers in Australia", *Economic Record*, Vol. 81, No. 254, 2005, pp. 237–248.

② Gavin A. Wood and Alice K. Stoakers, "Long-run Trends in Victorian Housing Affordability and First Transition into Homeownership", *Urban Policy and Research*, Vol. 24, No. 3, 2006, pp. 325–340.

③ Michelle Norris and Patrick Shiels, "Housing Affordability in the Republic of Ireland: Is Planning Part of the Problem or Part of the Solution?", *Housing Studies*, Vol. 22, No. 1, 2007, pp. 45–62.

④ 张清勇：《中国城镇居民的住房可支付：1991—2005》，《财贸经济》2007 年第 4 期，第 79—84 页。

⑤ 周仁、郝前进、陈杰：《剩余收入法、供需不匹配性与住房可支付的衡量——基于上海的考察》，《世界经济文汇》2010 年第 1 期，第 39—49 页。

⑥ 况伟大：《中国存在住房支付困难吗》，《财贸经济》2010 年第 11 期，第 125—130 页。

使国有信贷机构（GSE）对高风险借款人发放更多贷款。① 但是，Ghent et al. 对2004—2006年美国加利福尼亚州和佛罗里达州次级贷款数据实证发现，尽管GSE购买更多次级债证券，但居者有其屋政策未使放款机构发放更多次级贷款。② Anenberg and Kung 对2014年美国社区调查数据（American Community Survey data）实证发现，新增住房供给不能降低房租，也不能提升住房可支付。③ Zhang et al. 对2002—2009年中国城市家庭调查数据（CUHS）实证发现，收入不平等提高房价收入比和住房空置率。④ Li et al. 对2016年10月上海链家网上房屋房租报价数据实证发现，基础设施和工作机会空间分布不平等恶化弱势群体住房房租可支付性。⑤

综上，住房支付问题主要为"买（租）不起房问题"（Housing Affordability Problem），而非"买（租）不到房问题"（Housing Accessibility Problem）。实际上，为了公共利益，城市人口密度控制和建筑

---

① Valentin Bolotnyy, "The Government - Sponsored Enterprises and the Mortgage Crisis: The Role of the Affordable Housing Goals", *Real Estate Economics*, Vol. 42, No. 3, 2014, pp. 724 - 755.

② Andra C. Ghent, Ruben Hernández - Murillo and Michael T. Owyang, "Did Affordable Housing Legislation Contribute to the Subprime Securities Boom?", *Real Estate Economics*, Vol. 43, No. 4, 2015, pp. 820 - 854.

③ Elliot Anenberg and Edward Kung, "Can More Housing Supply Solve the Affordability Crisis? Evidence from a Neighborhood Choice Model", *Regional Science and Urban Economics*, Vol. 80, 2020, Forthcoming.

④ Chuanchuan Zhang, Shen Jia and Rudai Yang, "Housing Affordability and Housing Vacancy in China: The Role of Income Inequality", *Journal of Housing Economics*, Vol. 33, 2016, pp. 4 - 14.

⑤ Han Li, Yehua Dennis Wei and Yangyi Wu, "Analyzing the Private Rental Housing Market in Shanghai with Open Data", *Land Use Policy*, Vol. 85, 2019, pp. 271 - 284.

高度限制（density controls and height restrictions）① 以及城市边界规划（urban growth boundaries）和最大开发限制（maximum permit limits）② 导致住房供给缺乏弹性。另外，住房可支付影响居民空间选址（sort across locations），住房供给短缺会使居民流入住房可支付地区，但就业机会和公共服务差异会使居民流向高就业机会和公共服务地区，产生住房可支付问题。③ 因此，住房管制以及居民选址必然导致供给缺乏弹性。换言之，住房可支付问题是住房需求问题而非住房供给问题。质量指标、供给量指标和住房可支付不匹配指标从供给角度间接测度住房可支付性，收入指标和居住贫困指标直接测度住房可支付

---

① Alain Bertaud and Jan K. Brueckner, "Analyzing Building-height Restrictions: Predicted Impacts and Welfare Costs", *Regional Science and Urban Economics*, Vol. 35, No. 2, 2005, pp. 109 – 125. Edwin S. Mills, "Why do We have Urban Density Controls?", *Real Estate Economics*, Vol. 33, No. 3, 2005, pp. 571 – 585.

② Hafiz A. Pasha, "Comparative Statics Analysis of Density Controls", *Journal of Urban Economics*, Vol. 32, No. 3, 1992, pp. 284 – 298. Yan Song and Yves Zenou, "Property Tax and Urban Sprawl: Theory and Implications for US Cities", *Journal of Urban Economics*, Vol. 60, 2006, pp. 519 – 534. Marin V. Geshkov and Josehp S. DeSalvo, "The Effect of Land-use Controls on the Spatial Size of U. S. Urbanized Areas", *Journal of Regional Science*, Vol. 52, No. 4, 2012, pp. 648 – 675.

③ Joseph Gyourko, Christopher Mayer and Todd Sinai, "Superstar Cities", *American Economic Journal: Economic Policy*, Vol. 5, No. 4, 2013, pp. 167 – 199. Raven E. Saks, "Job Creation and Housing Construction: Constraints on Metropolitan Area Employment Growth", *Journal of Urban Economics*, Vol. 64, 2008, pp. 178 – 195. Jeffrey E. Zabel, "Migration, Housing Market, and Labor Market Responses to Employment Shocks", *Journal of Urban Economics*, Vol. 72, No. 2 – 3, 2012, pp. 267 – 284. Peter Ganong and Daniel Shoag, "Why has Regional Income Convergence in the US Declined?", *Journal of Urban Economics*, Vol. 102, 2017, pp. 76 – 90. Chang-Tai Hsieh and Enrico Moretti, "Housing Constraints and Spatial Misallocation", *American Economic Journal: Macroeconomics*, Vol. 11, No. 2, 2019, pp. 1 – 39. Edward Glaeser and Joseph Gyourko, "The Economic Implications of Housing Supply", *Journal of Economic Perspectives*, Vol. 32, No. 1, 2018, pp. 3 – 30.

性。尽管收入指标和居住贫困指标能较好反映住房可支付性，但收入指标缺乏理论基础，且为静态指标，居住贫困指标无法准确划分基本消费品种类和数量。据此，本书贡献在于，基于马斯洛需求层次构建住房可支付指数，不仅动态界定收入指标理论边界值，克服收入指标缺乏理论基础和固定不变弊端，而且解决居住贫困指标无法确定基本消费品种类和数量问题。基于此，本书余下部分如下：第二部分基于马斯洛需求层次确定住房可支付理论边界值并构建住房可支付指数，第三部分构建和编制中国 35 个大中城市房租可支付指数及其时空分布，第四部分构建和编制中国 35 个大中城市房价可支付指数及其时空分布，第五部分构建和编制中国 35 个大中城市住房可支付指数联合分布。

第 二 章

住房可支付理论模型

一 住房可支付理论边界值

前已述及,本书基于马斯洛需求层次理论构建住房可支付理论模型,确定住房可支付理论边界值,将收入指标和居住贫困指标结合起来,克服现有收入指标和居住贫困指标缺陷。实际上,住房可支付不仅取决于家庭收入,而且取决于需求层次。已有大量文献分析居民消费结构和消费层次问题。Maslow 基于人类行为 (human behavior) 提出马斯洛需求层次理论 (The Maslovian Needs Hierarchy)[1],一部分文献基于马斯洛需求层次对消费需求排序。Taylor and Houthakker 基于马斯洛需求层次将居民消费顺序划分为食品 (food)、居住 (shelter)、公用设施 (utilities)、交通 (transportation)、医疗保健 (health care) 和其他 (miscellaneous)[2]。王曦和陆荣将居民消费分为必要消费 (衣、食、住、行、医疗和子女教育) 和可控性消费 (超出必要消费

---

[1] Abraham H. Maslow, *Motivation and Personality*, Nueva York: Harper and Row, Publishers, 1954.

[2] Lester D. Taylor and Hendrik S. Houthakker, "*Consumer Demand in the United States: Prices, Income, and Consumption Behavior*", *Springer Science & Business Media*, 2010.

部分），理论分析消费和收入不确定性对储蓄的影响。① 张慧芳和朱雅玲将居民消费分为生存型消费（食品、衣着、居住）、发展型消费（交通通信、医疗保健和教育）和享受型消费（家庭设备及服务、娱乐和其他商品和服务），考察收入结构对消费结构的影响。② 易行健和周利将居民消费分为基本生活资料消费（食物、衣着、居住、日用品）以及享受和发展资料消费（医疗保健、交通通信、文教娱乐、其他商品和服务），考察数字普惠金融对居民消费的影响。③ 石明明等将居民消费分为生存型消费（食物）以及符号型和服务型消费（衣着、居住、设备与日用品、交通通信、文教娱乐、医疗保健、其他商品和服务），分析中国居民消费升级问题。④ 程名望和张家平将居民消费分为生存型消费（食品、衣着、居住）、发展型消费（文教娱乐、医疗保健）和享受型消费（交通运输、通信、家庭设备），分析互联网普及对城乡居民消费差距的影响。⑤ 一部分文献基于收入弹性和价格弹性将消费品分为必需品（necessities）和奢侈品（luxuries）。Selvanathan and Selvanathan 基于收入和价格弹性对 1961—1981 年 18 个 OECD 国家居民消费和收入数据实证发现，食品、住房和医疗是必

---

① 王曦、陆荣：《中国居民消费/储蓄行为的一个理论模型》，《经济学（季刊）》2011 年第 2 期，第 415—434 页。
② 张慧芳、朱雅玲：《居民收入结构与消费结构关系演化的差异研究——基于 AIDS 扩展模型》，《经济理论与经济管理》2017 年第 12 期，第 23—35 页。
③ 易行健、周利：《数字普惠金融发展是否显著影响了居民消费——来自中国家庭的微观证据》，《金融研究》2018 年第 11 期，第 47—67 页。
④ 石明明、江舟、周小焱：《消费升级还是消费降级》，《中国工业经济》2019 年第 7 期，第 42—60 页。
⑤ 程名望、张家平：《新时代背景下互联网发展与城乡居民消费差距》，《数量经济技术经济研究》2019 年第 7 期，第 22—41 页。

需品，衣着、耐用品、交通和娱乐是奢侈品。① Aguiar and Bils 对 1980—2010 年美国消费支出调查数据实证发现，高收入者比低收入者更多由必需品转向奢侈品，收入不平等（income inequality）产生消费不平等（consumption inequality）。② 一部分文献基于消费品信号机制（signaling-by-consuming）将消费品分为可视商品（visible good）和不可视商品（nonvisible good），并将可视商品视为地位商品（status good）。Charles et al. 基于地位信号机制（status-signaling）对 1986—2002 年美国消费支出调查数据（CEX）和当期人口调查数据（CPS）实证发现，黑人和西班牙人可视商品消费比重较白人大。③ Heffetz 基于消费信号机制和炫耀性消费动机（conspicuous consumption motivation）对美国 2004 年 5 月至 2005 年 2 月电话调查数据和消费支出调查数据发现，商品可视指数（visibility index）与收入弹性正相关。④ 同样，Bertrand and Morse 对 1980—2008 年美国消费支出调查数据实证发现，富裕家庭消费使不富裕家庭提高当期消费特别是可视性商品和服务消费（visible goods and services）。⑤ 还有一部分文献基于消费品特性将消费品分为耐用品和非耐用品消费。Parker 对 1980—1993 年美国消费支出调查月度数据实证发现，社保税收上限（Social Security

---

① Saroja Selvanathan and E. Antony Selvanathan, "A Cross-country Analysis of Consumption Patterns", *Applied Economics*, Vol. 25, No. 9, 1993, pp. 1245 – 1259.

② Mark Aguiar and Mark Bils, "Has Consumption Inequality Mirrored Income Inequality?", *American Economic Review*, Vol. 105, No. 9, 2015, pp. 2725 – 2756.

③ Kerwin K. Charles, Erik Hurst and Nikolai Roussanov, "Conspicuous Consumption and Race", *Quarterly Journal of Economics*, Vol. 124, No. 2, 2009, pp. 425 – 467.

④ Ori Heffetz, "A Test of Conspicuous Consumption: Visibility and Income Elasticities", *Review of Economics and Statistics*, Vol. 93, No. 4, 2011, pp. 1101 – 1117.

⑤ Marianne Bertrand and Adair Morse, "Trickle-down Consumption", *Review of Economics and Statistics*, Vol. 98, No. 5, 2016, pp. 863 – 879.

tax cap）对食品和白酒消费（food and alcohol）影响不大，但对娱乐、个人护理（personal care）以及衣着和服务（apparel and services）消费显著，表明不存在理性预期和消费平滑支出（consumers smooth expenditures）。① Lim and Lee 将居民消费划分为商业消费（食品、衣物、燃料和耐用品）、文化消费（市内交通、旅游、通信、教育、健康、娱乐、理发、摄影）和住房消费（房租和水电费），对 1952—1987 年中国 28 个省市非农人口消费数据实证发现，中国住房消费收入弹性介于 0.32—1.5。② Newman and Holupka 对 2004—2009 年美国消费支出调查（CEX）数据实证发现，住房可支付性对儿童拓展消费（child enrichment expenditures）影响呈倒 U 形。③ Coulibaly and Li 对 1988—2001 年美国消费支出调查数据和收入动态跟踪调查数据（PSID）实证发现，房贷还完后居民非耐用品消费不变，家装和娱乐消费增加。④ Jensen and Miller 对 2000—2001 年美国消费调查数据实证发现，2001 年退税政策（tax rebates）使低收入者非耐用消费品消费较中等收入者多 63%，但对耐用品消费的影响大于非耐用品。⑤ Parker et al. 对 2007—2008 年美国消费调查（CEX）数据实证发现，2008 年退税政

---

① Jonathan A. Parker, "The Reaction of Household Consumption to Predictable Changes in Social Security Taxes", *American Economic Review*, Vol. 89, No. 4, 1999, pp. 959 – 973.

② Gill-Chin Lim and Man-Hyung Lee, "Housing Consumption in Urban China", *Journal of Real Estate Finance and Economics*, Vol. 6, No. 1, 1993, pp. 89 – 102.

③ Sandra J. Newman and C. Scott Holupka, "Housing Affordability and Investments in Children", *Journal of Housing Economics*, Vol. 24, 2014, pp. 89 – 100.

④ Brahima Coulibaly and Geng Li, "Do Homeowners Increase Consumption after the Last Mortgage Payment? An Alternative Test of the Permanent Income Hypothesis", *Review of Economics and Statistics*, Vol. 88, No. 1, 2006, pp. 10 – 19.

⑤ Robert T. Jensen and Nolan H. Miller, "Giffen Behavior and Subsistence Consumption", *American Economic Review*, Vol. 98, No. 4, 2008, pp. 1553 – 1577.

策（tax rebates）对耐用品（特别是汽车）消费影响大于非耐用品，对老年人和低收入者影响更大。① Lusardi 对 1980—1987 年美国消费调查数据（CEX）和收入动态跟踪调查数据（PSID）实证发现，非耐用品对预期收入增长存在过度反应。②

综上，现有文献基于收入弹性、价格弹性以及消费品特征（耐用性和可视性）进一步验证马斯洛需求层次理论。Maslow 将人类基本需求按照需求顺序（needs orders）分为生理需求（physiological needs）、安全需求（security needs）、爱和社交需求（community and affection needs）、尊重需求（esteem needs）以及自我实现需求（self-actualization needs）五大类。③ 据此，本书根据马斯洛需求层次理论划分居民消费顺序和层次，构建住房可支付理论模型，确定住房可支付边界值及其指数，如图 2-1 所示。本书基于马斯洛需求层次以及中国居民消费品种类，划分中国居民消费顺序为食品、居住、衣着、交通通信、医疗保健、文教娱乐、家庭设备用品及服务、其他用品和服务。其中，食品、居住、衣着、交通通信和医疗保健主要满足生理需求，居住和文教娱乐主要满足安全需求，居住、衣着、交通通信、医疗保健、家庭设备用品及服务、其他用品和服务主要满足爱和社交需求，居住、衣着、交通通信、文教娱乐、家庭设备用品及服务、其他

---

① Jonathan A. Parker, Nicholas S. Souleles, David S. Johnson and Robert McClelland, "Consumer Spending and the Economic Stimulus Payments of 2008", *American Economic Review*, Vol. 103, No. 6, 2013, pp. 2530-2553.

② Annamaria Lusardi, "Permanent Income, Current Income and Consumption: Evidence from Two Panel Data Sets", *Journal of Business and Economic Statistics*, Vol. 14, No. 1, 1996, pp. 81-90.

③ Abraham H. Maslow, *Motivation and Personality*, Nueva York: Harper and Row, Publishers, 1954.

用品和服务主要满足尊重需求，衣着和文教娱乐主要满足自我实现需求。

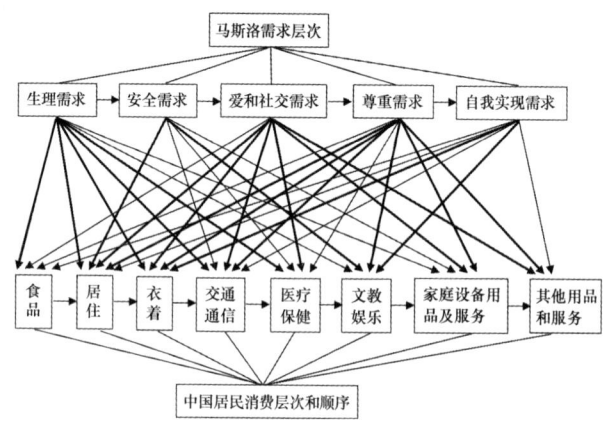

图 2-1　马斯洛需求层次与中国居民消费层次和顺序

注：粗线箭头表示主要对应关系，细线箭头表示次要对应关系。

前已述及，住房可支付问题本质为住房消费问题而非投资问题。按照马斯洛需求层次理论，居民先消费后投资。为构建住房可支付模型，简单起见，本书假定家庭收入全部用于消费，无投资（储蓄）。据此，根据收入指标和居住贫困指标，本书建立如下居民消费支出模型。

$$Y_{it} = F_{it} + H_{it} + A_{it} + T_{it} + M_{it} + E_{it} + U_{it} + O_{it} \quad (2—1)$$

式 2—1 中，Y_{it}、F_{it}、H_{it}、A_{it}、T_{it}、M_{it}、E_{it}、U_{it} 和 O_{it} 分别表示 i 家庭 t 期收入、食品支出、居住支出、衣着支出、交通通信支出、医疗保健支出、教育文化娱乐支出、家庭设备用品及服务支出和其他支出。由式 2—1 可得住房支出收入比 HI_{it}：

$$HI_{it} = \frac{H_{it}}{Y_{it}} = 1 - \frac{F_{it}}{Y_{it}} - \frac{A_{it}}{Y_{it}} - \frac{T_{it}}{Y_{it}} - \frac{M_{it}}{Y_{it}} - \frac{E_{it}}{Y_{it}} - \frac{U_{it}}{Y_{it}} - \frac{O_{it}}{Y_{it}} \quad (2—2)$$

式 2—2 中，$\frac{H_{it}}{Y_{it}}$、$\frac{F_{it}}{Y_{it}}$、$\frac{A_{it}}{Y_{it}}$、$\frac{T_{it}}{Y_{it}}$、$\frac{M_{it}}{Y_{it}}$、$\frac{E_{it}}{Y_{it}}$、$\frac{U_{it}}{Y_{it}}$ 和 $\frac{O_{it}}{Y_{it}}$ 分别表示 i 家庭 t 期居住支出、食品支出、衣着支出、交通通信支出、医疗保健支出、教育文化娱乐支出、家庭设备用品及服务支出和其他支出占家庭收入的比重。

基于马斯洛需求层次理论，由式 2—2 可构建住房可支付理论模型。首先，根据马斯洛需求层次理论以及现有研究，食品为最基本生理需求，居住可满足居民生理、安全、爱和社交以及尊重需求，是比食品需求更高层次的生存需求。因此，若家庭收入不能完全满足食品需求，更无法满足住房及其他需求，则住房不可支付。由式 2—2 可得住房不可支付理论边界值：

$$HI_{it} = 1 - \frac{F_{it}}{Y_{it}} \tag{2—3}$$

式 2—3 中，$\frac{F_{it}}{Y_{it}}$ 为食品支出占家庭收入比重。因我们假定家庭收入全部用于消费支出，则 $\frac{F_{it}}{Y_{it}}$ 实质为恩格尔系数。即 $\frac{F_{it}}{Y_{it}} = e_{it}$。其中，$e_{it}$ 表示 i 家庭 t 期恩格尔系数。由式 2—3，可得住房支出收入比：$HI_{it} = 1 - e_{it}$。因此，由恩格尔系数可确定住房不可支付理论边界值。显然，若 $HI_{it} \geq 1 - e_{it}$ 或 $e_{it} \geq 1$，则住房不可支付。需指出的是，因恩格尔系数为时变变量（time-varying variant），住房不可支付理论边界值是动态而非静态指标，克服了收入指标固定不变缺陷。此外，恩格尔系数解决居住贫困指标无法确定基本消费品种类和数量问题。

其次，根据马斯洛需求层次理论以及现有研究，衣着和交通通信（"衣"和"行"）可满足居民生理、爱和社交、尊重以及自我实现需求，是比食品和居住（"食"和"住"）更高层次的消费需求。因此，若家庭收入仅能满足食品和居住需求，尚不能满足衣着和交通通信需求，则存在严重住房支付困难。由式2—2和式2—3，可得严重住房支付困难理论边界值：

$$HI_{it} = 1 - e_{it} - \frac{A_{it}}{Y_{it}} - \frac{T_{it}}{Y_{it}} = 1 - e_{it} - AT_{it} \qquad (2—4)$$

式2—4中，AT_{it}表示衣着和交通通信支出占家庭收入比重。显然，若$HI_{it} \geq 1 - e_{it} - AT_{it} > 0$且$HI_{it} < 1 - e_{it}$，则存在严重住房支付困难。同样，因$e_{it}$和$AT_{it}$是动态指标，所以$HI_{it}$也是动态指标。

再次，根据马斯洛需求层次理论以及现有研究，医疗保健和文教娱乐可满足居民生理、安全、爱和社交、尊重以及自我实现需求，是比"衣食住行"更高层次消费需求。因此，若家庭收入能满足"衣食住行"，尚不能满足医疗保健和文教娱乐需求，则存在轻度住房支付困难。实际上，联合国开发计划署（UNDP）构建的人类发展指数（HDI）包含健康（预期寿命）和教育（成人识字率）两项重要指标，与本书医疗保健和文教娱乐相吻合。由式2—2和式2—3，可得轻度住房支付困难理论边界值：

$$HI_{it} = 1 - e_{it} - AT_{it} - \frac{M_{it}}{Y_{it}} - \frac{E_{it}}{Y_{it}} = 1 - e_{it} - AT_{it} - ME_{it} \qquad (2—5)$$

式2—5中，ME_{it}表示家庭医疗保健和文教娱乐支出占家庭收入比重。显然，若$HI_{it} \geq 1 - e_{it} - AT_{it} - ME_{it} > 0$且$HI_{it} < 1 - e_{it} - AT_{it}$，则存在轻度住房支付困难。同样，因$e_{it}$、$AT_{it}$和$ME_{it}$是动态指标，所以$HI_{it}$也是动态指标。

最后，根据马斯洛需求层次理论以及现有研究，家庭设备用品及服务和其他用品和服务主要满足居民爱和社交、尊重以及自我实现需求，是最高层次需求。因此，若家庭收入能满足家庭设备用品及服务和其他用品和服务需求，则不存在住房支付困难。由式2—2和式2—

3，可得不存在住房支付困难理论边界值：

$$HI_{it} = 1 - e_{it} - AT_{it} - ME_{it} - \frac{U_{it}}{Y_{it}} - \frac{O_{it}}{Y_{it}}$$

$$= 1 - e_{it} - AT_{it} - ME_{it} - UO_{it} \qquad (2—6)$$

式 2—6 中，UO_{it} 表示家庭设备用品及服务和杂项食品和服务占家庭收入比重。显然，若 $HI_{it} \geq 1 - e_{it} - AT_{it} - ME_{it} - UO_{it}$ 且 $HI_{it} < 1 - e_{it} - AT_{it} - ME_{it}$，则不存在住房支付困难。同样，因 e_{it}、AT_{it}、ME_{it} 和 UO_{it} 是动态指标，所以 HI_{it} 也是动态指标。

众所周知，住房市场包括买卖市场（住房所有权市场）和租赁市场（住房使用权市场）。前已述及，住房具有消费和投资双重属性，住房可支付问题是住房消费问题，而非投资问题。根据产权选择理论（tenue choice theory），居民既可经买房解决住房消费问题，也可经租房解决住房消费问题，当租赁市场房租等于所有权市场住房使用成本（user cost）时，住房消费者在租房和买房之间无差异，从而实现租赁市场和所有权市场的共同均衡。① 住房支出对买卖市场而言是住房使用成本，对租赁市场而言是房租支出。据此，对租房者而言，住房支出收入比可表示为：

$$HI_{it}^{R} = \frac{R_{it}}{Y_{it}} \qquad (2—7)$$

式 2—7 中，R_{it} 为 i 家庭 t 期房租。显然，对租房者而言，住房支出收入比实为房租收入比。因此，由式 2—2 和式 2—7 可确定房租收入比理论边界值。

---

① Jim Clayton, "Rational expectations, market fundamentals and housing price volatility", *Real Estate Economics*, Vol. 24, No. 4, 1996, pp. 441 - 470. Charles Himmelberg, Christopher Mayer, and Todd Sinai, "Assessing high house prices: Bubbles, fundamentals and misperceptions", *The Journal of Economic Perspectives*, Vol. 19, No. 4, 2005, pp. 67 - 92.

对买房者而言，住房支出收入比可表示为：

$$HI_{it}^P = \frac{UC_{it}}{Y_{it}} = \frac{P_{it}uc_{it}}{Y_{it}} = \frac{P_{it}(i_{it} + \tau_{it} + m_{it} + d_{it} - g_{it}^e)}{Y_{it}} \quad (2—8)$$

式 2—8 中，uc_{it} 为 i 家庭 t 期单位房价使用成本。通常，uc_{it} 由利率 i_{it}、房产税 τ_{it}、维修费 m_{it}、折旧 d_{it} 和预期房价增长率 g_{it}^e 构成。[①] 由式 2—8 可将买房者住房支出收入比转换为房价收入比。即：

$$\frac{P_{it}}{Y_{it}} = \frac{HI_{it}^P}{uc_{it}} = \frac{HI_{it}^P}{i_{it} + \tau_{it} + m_{it} + d_{it} - g_{it}^e} \quad (2—9)$$

同样，由式 2—2 和式 2—9 可确定房价收入比理论边界值。

二 住房可支付标准划分

准确测度住房可支付性是非常困难和颇有争议的。现有研究主要分析买卖市场的住房可支付问题，未对租赁市场的住房可支付问题进行深入分析。根据本书住房可支付理论模型，可划分住房买卖市场和租赁市场可支付标准。前已述及，国内外通行做法是将 30% 和 50% 作为住房支付困难指标。美国 1937 年《国民住房法案》（National Housing Act）以及 1983 年《住房与城市和农村恢复法案》（The Housing and Urban-Rural Recovery Act）对中等收入者设定 30% 的住房支付困难标准，一直沿用至今。Schwartz and Wilson 将 30%—49.9% 作为轻度住房支付困难指标，将 50% 及以上作为严重住房支付困难指

---

① Patirc H. Hendershott and Joel Slemrod, "Taxes and the User Cost of Upper Boundital for Owner-occupied Housing", *Journal of the American Real Estate and Urban Economics Association*, Vol. 10, No. 4, 1983, pp. 375 – 393. Charles Himmelberg, Christopher Mayer and Todd Sinai, "Assessing High House Prices: Bubbles, Fundamentals and Misperceptions", *The Journal of Economic Perspectives*, Vol. 19, No. 4, 2005, pp. 67 – 92.

标。澳大利亚20世纪90年代将30%作为中等收入者住房支付困难指标（National Housing Strategy），现将50%作为中等收入者住房支付困难指标。① Mostafa et al. 将50%作为中国中等收入者住房支付困难指标。② 可见，现有研究以及政府干预重点是中等收入者住房支付困难问题。实际上，高收入者基本不存在住房支付困难问题，低收入者和最低收入者可通过政府提供或补贴的公共住房、公租房或廉租房解决住房问题。相对高收入者和最低收入者，中等收入者人口占比较大，住房支付困难问题突出，直接关系住房市场健康可持续发展。据此，本书重点划分中等收入者住房可支付标准（见表2-1）。

最后，需要指出的是，无论是发达国家还是发展中国家，均存在住房可支付性问题，但发展中国家住房可支付性问题更突出、更重要。特别是，发展中国家收入差距较大，收入分布不均衡，现有中间收入指标不能真正反映发展中国家中等收入者住房可支付性，因此本书使用平均收入（mean income）指标而非中间收入（median income）指标。此外，城中村和小产权房在很多城市普遍存在，本书中等收入者住房可支付标准划分不涉及城中村和小产权房居民住房可支付性问题，仅涉及城市中等收入居民住房可支付性问题。

---

① E. Baker, A. Beer and C. Paris, *The Development of A Methodology That Provides Indices to Measure and Monitor Housing Need at Various Spatial Scales*, Department for Families and Communities, Adelaide, 2006, Unpublished.

② Anirban Mostafa, Francis K. Wong and Chi M. Hui, "Relationship Between Housing Affordability and Economic Development in Mainland China—case of Shanghai", *Journal of Urban Planning and Development*, Vol. 132, No. 1, 2006, pp. 62 – 70.

表2–1　　　　　　　中等收入者住房可支付标准划分及其比较

住房可支付标准	本书标准		现有标准	
	住房支出收入比（HI_{it}）	划分依据	住房支出收入比（HI_{it}）	划分依据
负担不起	$HI_{it} \geq 1 - e_{it}$ 或 $e_{it} \geq 1$	理论边界值 e_{it}	$HI_{it} \geq 50\%$	Schwartz and Wilson[*], Thalmann[**], Li et al.[***]
严重支付困难	$1 - e_{it} - AT_{it} \leq HI_{it} < 1 - e_{it}$	理论边界值 $1 - e_{it}$	$30\% \leq HI_{it} < 50\%$	Schwartz and Wilson（2008）[*], Thalmann（2003）[**], Li et al.（2020）[***]
轻度支付困难	$1 - e_{it} - AT_{it} - ME_{it} \leq HI_{it} < 1 - e_{it} - AT_{it}$	理论边界值 $1 - e_{it} - AT_{it}$	$HI_{it} < 30\%$	FHA[****]（1937，1983），Thalmann（2003）[**]
无支付困难	$1 - e_{it} - AT_{it} - ME_{it} - UO_{it} \leq HI_{it} < 1 - e_{it} - AT_{it} - ME_{it}$	理论边界值 $1 - e_{it} - AT_{it} - ME_{it}$		

* Mary Schwartz and Ellen Wilson, *Who can Afford to Live in a Home？：A Look at Data from the 2006 American Community Survey*. US Census Bureau, 2008.

** Philippe Thalmann, "'House Poor' or Simply 'Poor'？", *Journal of Housing Economics*, Vol. 12, No. 4, 2003, pp. 291–317.

*** Keyang Li, Yu Qin and Jing Wu, "Recent Housing Affordability in Urban China：A Comprehensive Overview", *China Economic Review*, Vol. 59, 2020, Forthcoming.

**** 美国联邦住房管理局。

第三章

中国35个大中城市房租可支付指数及其分布

一 房租可支付标准划分

前已述及,对租房者而言,住房支出收入比实质上为房租收入比(RI)。即 $HI_{it}^{R} = RI_{it} = \frac{R_{it}}{Y_{it}}$。根据表2-1住房可支付性划分标准,我们可划分中等收入者房租可支付标准(见表3-1)。需指出的是,当房租收入比超过理论边界值 $1 - e_{it} - AT_{it}$ 时,中等收入者很难负担得起房租,存在租不起问题,政府必要时可进行房租控制。

表3-1　　　　　中等收入者房租可支付标准划分

房租可支付标准	本书标准	现有标准
负担不起	$RI_{it} \geqslant 1 - e_{it}$ 或 $e_{it} \geqslant 1$	$RI_{it} \geqslant 50\%$
严重支付困难	$1 - e_{it} - AT_{it} \leqslant RI_{it} < 1 - e_{it}$	$30\% \leqslant RI_{it} < 50\%$
轻度支付困难	$1 - e_{it} - AT_{it} - ME_{it} \leqslant RI_{it} < 1 - e_{it} - AT_{it}$	$RI_{it} < 30\%$
无支付困难	$1 - e_{it} - AT_{it} - ME_{it} - UO_{it} \leqslant RI_{it} < 1 - e_{it} - AT_{it} - ME_{it}$	

二 数据及说明

鉴于中国市场化住房制度改革始于1998年,且租赁市场主要集中于大中城市，本书使用 1998—2018 年中国 35 个大中城市家庭收支数据和住房数据。家庭收支数据包含城镇居民人均可支配收入、人均消费性支出以及人均食品支出、衣着支出、居住支出、家庭设备用品及服务支出、医疗保健支出、交通通信支出、教育文化娱乐支出、其他用品及服务支出，来自各市统计年鉴及各市《国民经济和社会发展统计公报》。住房数据包括房租、租赁价格指数以及城镇居民人均居住面积，来自历年《中国物价年鉴》以及各市统计年鉴。需指出的是，城市房租数据只有租赁价格指数，无实际房租数据，本书使用 2011 年禧泰房产数据库的城市房租数据（http://www.cityre.cn）和租赁价格指数计算 1998—2018 年中国 35 个大中城市房租。即单位住房建筑面积平均房租 = 2011 年禧泰单位住房建筑面积平均房租 × 租赁价格指数（2011 年 = 100）。

需指出的是，因微观数据不可得，本书仅使用城市宏观数据测算城市中等收入者房租收入比。通常，微观数据比宏观数据有更多信息，信息失真较少，且可测度同一城市不同收入者房租收入比，数据质量较宏观数据更高，但宏观数据能总体反映城市中等收入者住房可支付能力。

三 房租可支付指数构建

根据本书研究目的以及数据可得性，中等收入者房租可支付指数以房租收入比表示。即：

$$房租收入比 = \frac{单位住房建筑面积平均租金 \times 人均住房建筑面积}{人均可支配收入}$$

$$= \frac{2011 年禧泰单位住房建筑面积平均租金 \times 租赁指数 \times 人均住房建筑面积}{人均可支配收入}$$

需再次指出的是,本书房租收入比表示中等收入者房租可支付性,而非高收入者和低收入者房租可支付性。

本书根据表 3-1 中等收入者房租可支付标准构建房租可支付指数,并将中国 35 个大中城市划分为房租负担不起城市、严重支付困难城市、轻度支付困难城市和无支付困难城市。

四 1998—2018 年中国 35 个大中城市房租可支付指数分布

从横截面看,图 3-1 至图 3-10 显示,2018 年中国 35 个大中城市中等收入者既无房租负担不起城市,也无房租严重支付困难城市。图 3-1 显示,2018 年只有哈尔滨和福州房租收入比介于 $1-e_{it}-AT_{it}-ME_{it}$ 和 $1-e_{it}-AT_{it}$ 之间,中等收入者存在轻度房租支付困难。图 3-2 至图 3-10 显示,除哈尔滨和福州外,其他 33 个大中城市房租收入比小于 $1-e_{it}-AT_{it}-ME_{it}$,中等收入者无房租支付困难,能租得起房子。

从时间序列看,图 3-1 至图 3-10 显示,1998—2018 年中国 35 个大中城市中等收入者房租收入比总体呈下降趋势,房租可支付性逐年增强。按照本书房租可支付标准,房改初期,35 个大中城市有 12 个城市中等收入者房租收入比大于房租负担不起边界值,存在租不起问题。12 个中等收入者房租负担不起城市包括 2001 年北京、1998—2004 年哈尔滨、1998 年上海、1998—2000 年杭州、1998—1999 年福州、1998—1999 年武汉、1998—2000 年海口、1998—1999 年重庆、1998—1999 年兰州、1998—2004 年大连、1998—1999 年青岛以及 1998 年厦门。

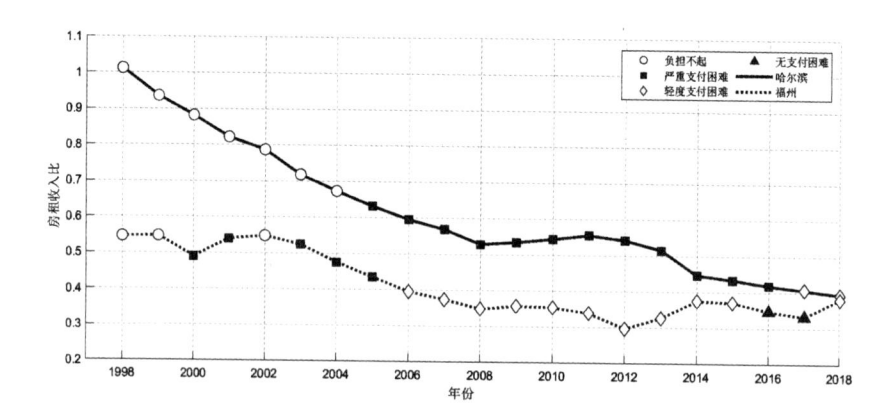

图 3-1　2018 年房租轻度支付困难城市

$$(1 - e_{it} - AT_{it} - ME_{it} \leq RI_{it} < 1 - e_{it} - AT_{it})$$

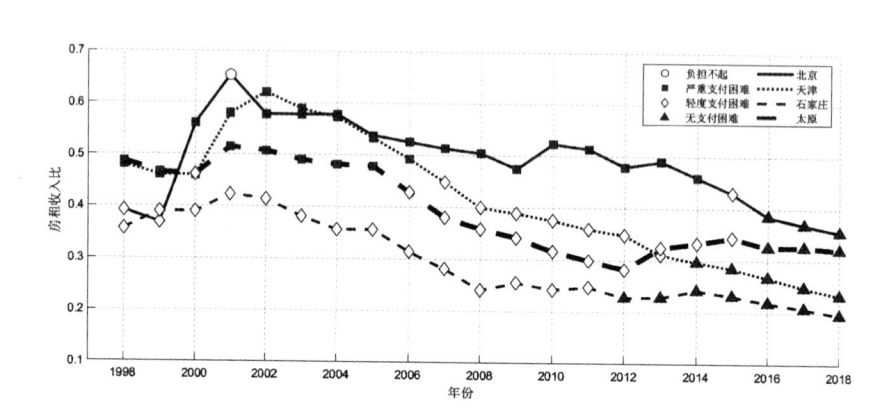

图 3-2　2018 年无房租支付困难城市

$$(1 - e_{it} - AT_{it} - ME_{it} - UO_{it} \leq RI_{it} < 1 - e_{it} - AT_{it} - ME_{it})$$

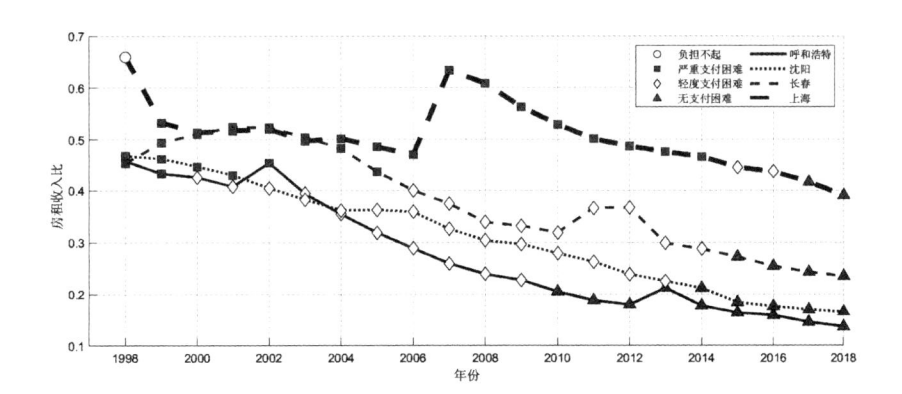

图 3-3　2018 年无房租支付困难城市

$$(1 - e_{it} - AT_{it} - ME_{it} - UO_{it} \leqslant RI_{it} < 1 - e_{it} - AT_{it} - ME_{it})$$

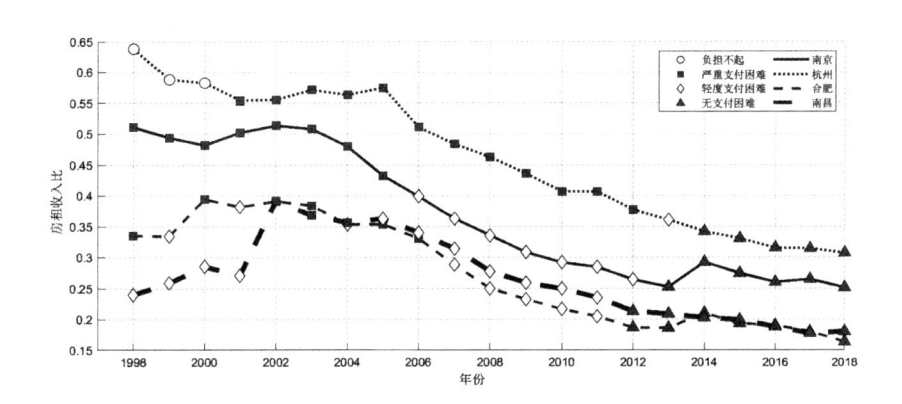

图 3-4　2018 年无房租支付困难城市

$$(1 - e_{it} - AT_{it} - ME_{it} - UO_{it} \leqslant RI_{it} < 1 - e_{it} - AT_{it} - ME_{it})$$

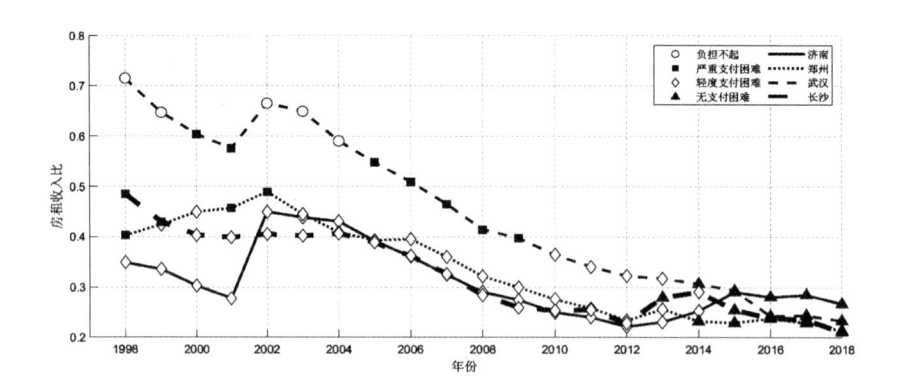

图3-5　2018年无房租支付困难城市

$$(1 - e_{it} - AT_{it} - ME_{it} - UO_{it} \leq RI_{it} < 1 - e_{it} - AT_{it} - ME_{it})$$

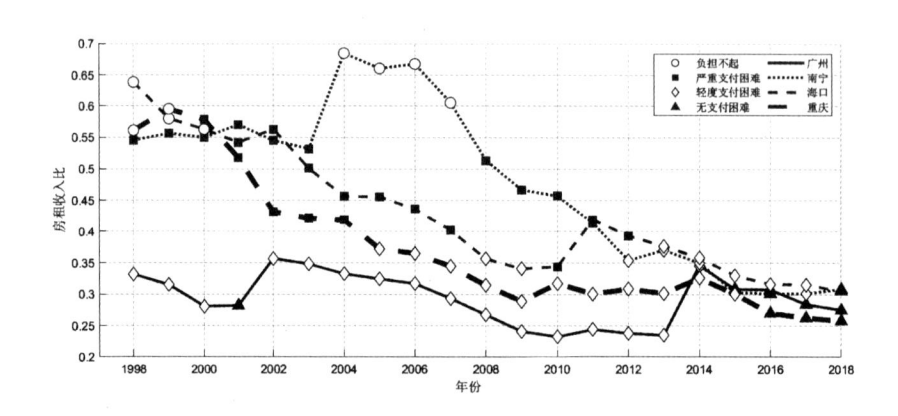

图3-6　2018年无房租支付困难城市

$$(1 - e_{it} - AT_{it} - ME_{it} - UO_{it} \leq RI_{it} < 1 - e_{it} - AT_{it} - ME_{it})$$

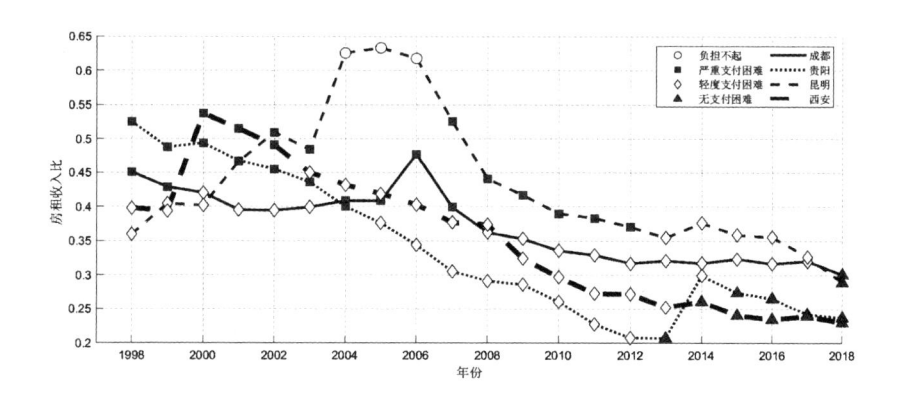

图 3-7　2018 年无房租支付困难城市

$$(1 - e_{it} - AT_{it} - ME_{it} - UO_{it} \leq RI_{it} < 1 - e_{it} - AT_{it} - ME_{it})$$

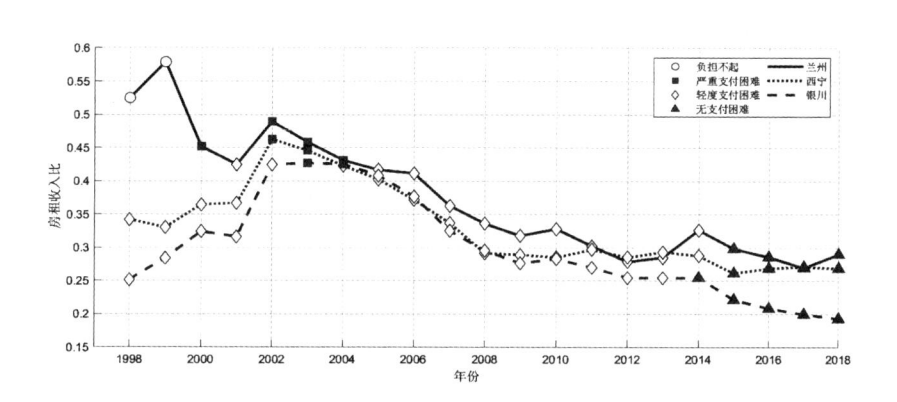

图 3-8　2018 年无房租支付困难城市

$$(1 - e_{it} - AT_{it} - ME_{it} - UO_{it} \leq RI_{it} < 1 - e_{it} - AT_{it} - ME_{it})$$

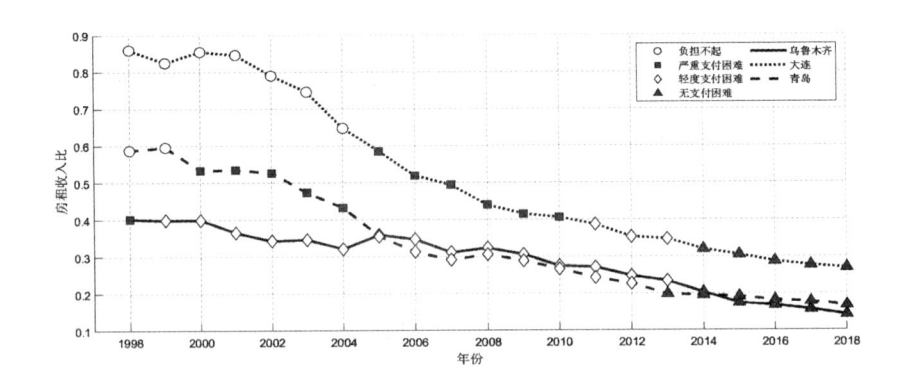

图 3-9 2018 年无房租支付困难城市

$$(1 - e_{it} - AT_{it} - ME_{it} - UO_{it} \leqslant RI_{it} < 1 - e_{it} - AT_{it} - ME_{it})$$

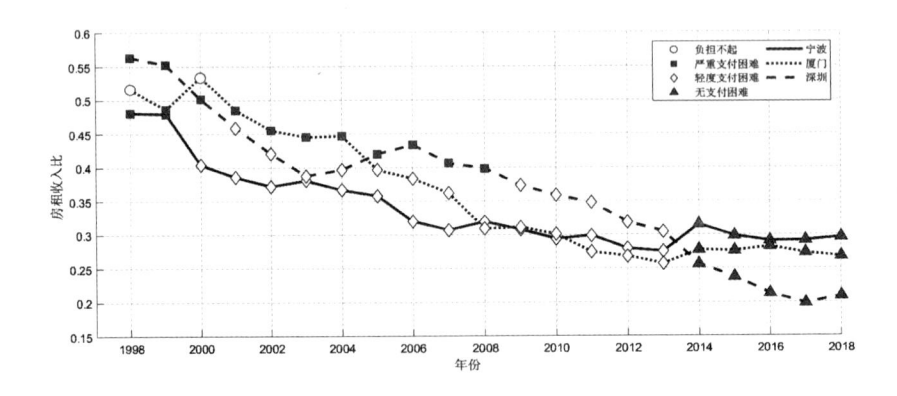

图 3-10 2018 年无房租支付困难城市

$$(1 - e_{it} - AT_{it} - ME_{it} - UO_{it} \leqslant RI_{it} < 1 - e_{it} - AT_{it} - ME_{it})$$

五 按城市等级划分的房租可支付指数分布

按照中国经济与社会发展统计数据库①划分标准，本书将中国35个大中城市划分为一线城市、二线城市和三线城市。一线城市包括北京、上海、广州、深圳4个城市，二线城市包括天津、沈阳、大连、南京、杭州、宁波、合肥、厦门、济南、青岛、郑州、武汉、长沙、重庆、成都、西安16个城市，三线城市包括石家庄、太原、福州、哈尔滨、长春、南昌、南宁、海口、昆明、贵阳、兰州、银川、西宁、乌鲁木齐、呼和浩特15个城市。

图3-11显示，4个一线城市中，上海中等收入者房租收入比最高。按照本书房租可支付标准，1998—2014年上海中等收入者房租收入比高于$1-e_{it}-AT_{it}$，房租支付困难，存在租不起问题。2000—2014年北京中等收入者房租收入比高于$1-e_{it}-AT_{it}$，同样面临租不起问题。2005—2008年深圳中等收入者房租收入比大于$1-e_{it}-AT_{it}$，但2009—2018年房租收入比小于$1-e_{it}-AT_{it}$，不存在租不起问题。2002—2014年，广州中等收入者房租收入比介于$1-e_{it}-AT_{it}-ME_{it}$和$1-e_{it}-AT_{it}$之间，中等收入者存在房租轻度支付困难，但2014—2018年广州中等收入者房租收入比均小于$1-e_{it}-AT_{it}-ME_{it}$，中等收入者不存在房租支付困难。2017—2018年，4个一线城市中等收入者房租收入比均小于$1-e_{it}-AT_{it}-ME_{it}$，中等收入者不存在房租支付困难。可见，4个一线城市中等收入者房租可支付性逐年增强。

图3-12至图3-15显示，16个二线城市中，按照本书房租可支

---

① http://tongji.cnki.net/kns55/index.aspx.

付标准，2016—2017 年除成都中等收入者存在房租轻度支付困难外，其余二线城市中等收入者不存在房租支付困难。2018 年，16 个二线城市中等收入者房租收入比均小于 $1-e_{it}-AT_{it}-ME_{it}$，中等收入者不存在房租支付困难。

图 3-16 至图 3-20 显示，15 个三线城市中，按照本书房租可支付标准，2005—2016 年哈尔滨中等收入者房租收入比大于 $1-e_{it}-AT_{it}$ 但小于 $1-e_{it}$，中等收入者存在房租严重支付困难，2017—2018 年哈尔滨中等收入者房租收入比介于 $1-e_{it}-AT_{it}-ME_{it}$ 和 $1-e_{it}-AT_{it}$ 之间，中等收入者存在房租轻度支付困难。2018 年，哈尔滨和福州中等收入者存在房租轻度支付困难，其余三线城市中等收入者房租收入比小于 $1-e_{it}-AT_{it}-ME_{it}$，中等收入者不存在房租支付困难。

综上，1998—2018 年一线、二线和三线城市中等收入者房租收入比呈下降趋势，中等收入者房租可支付性逐年增强。2018 年，哈尔滨和福州 2 个三线城市中等收入者存在房租轻度支付困难，其余 33 个大中城市中等收入者均不存在房租支付困难。

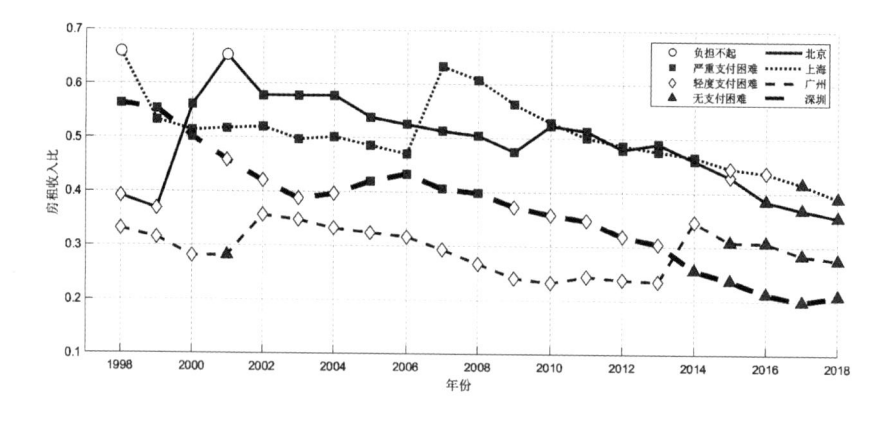

图 3-11 1998—2018 年一线城市房租可支付指数分布

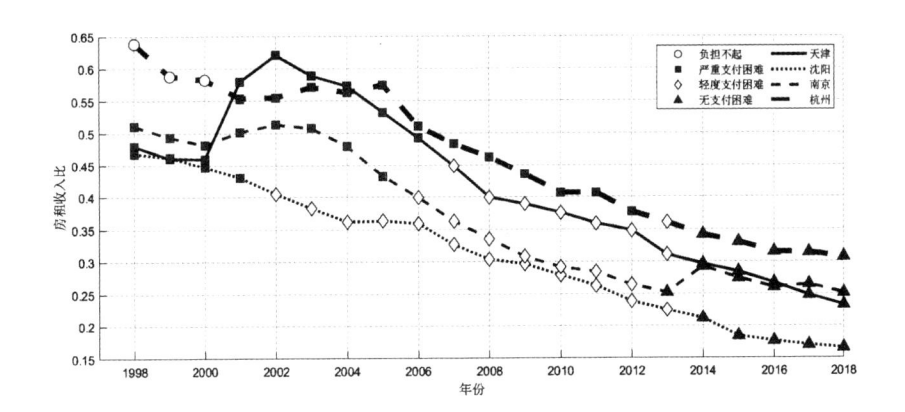

图 3-12　1998—2018 年二线城市房租可支付指数分布

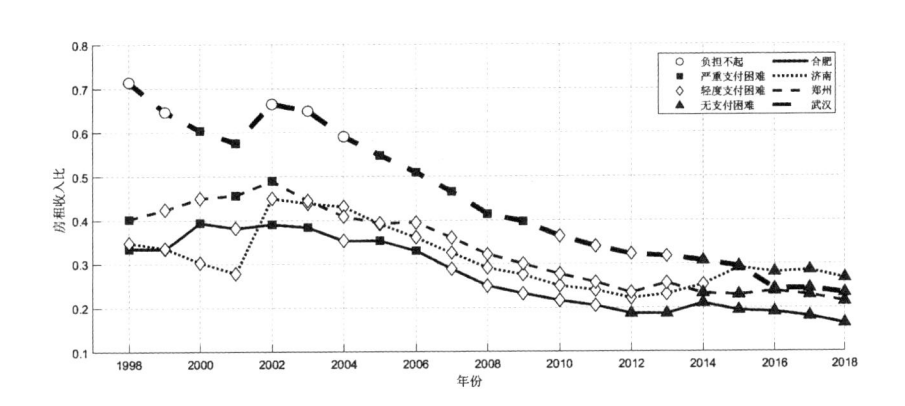

图 3-13　1998—2018 年二线城市房租可支付指数分布

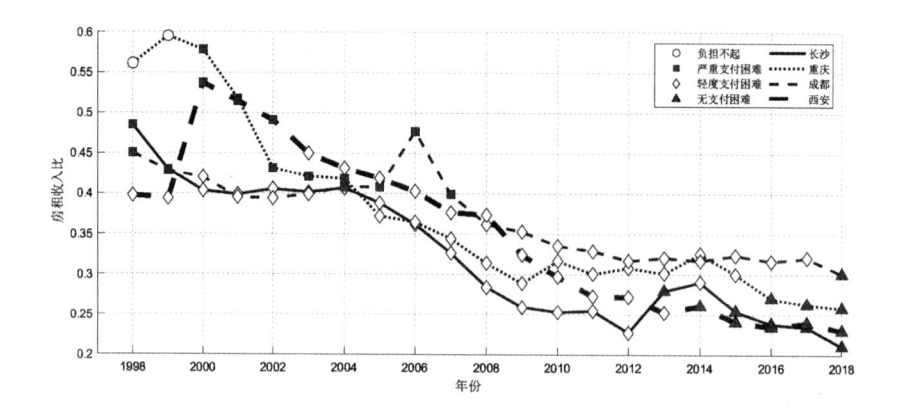

图 3-14　1998—2018 年二线城市房租可支付指数分布

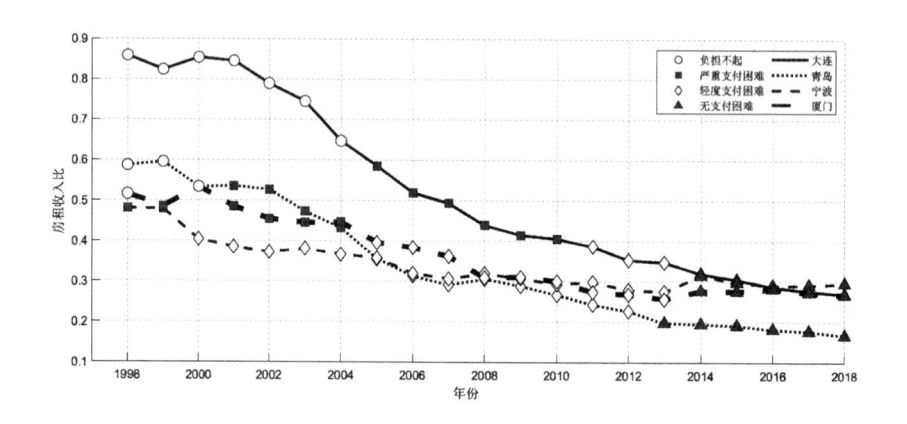

图 3-15　1998—2018 年二线城市房租可支付指数分布

第三章 中国35个大中城市房租可支付指数及其分布 | **39**

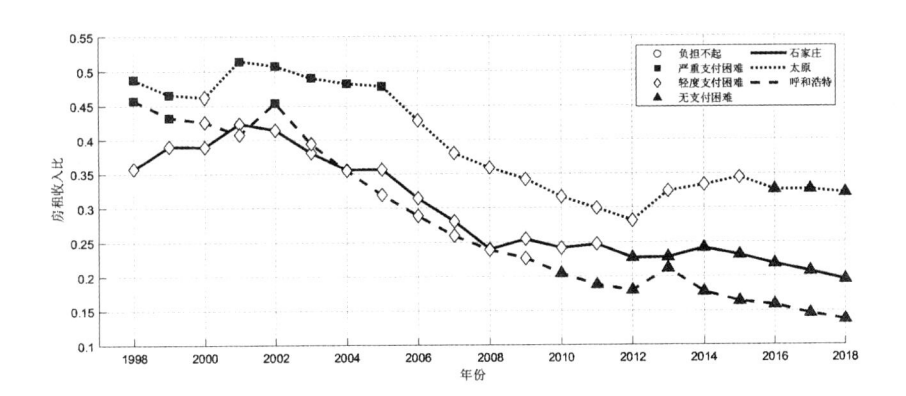

图 3－16　1998—2018年三线城市房租可支付指数分布

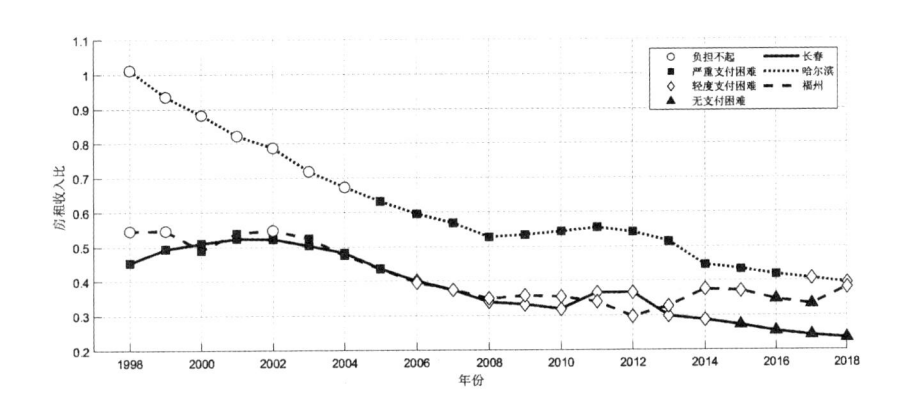

图 3－17　1998—2018年三线城市房租可支付指数分布

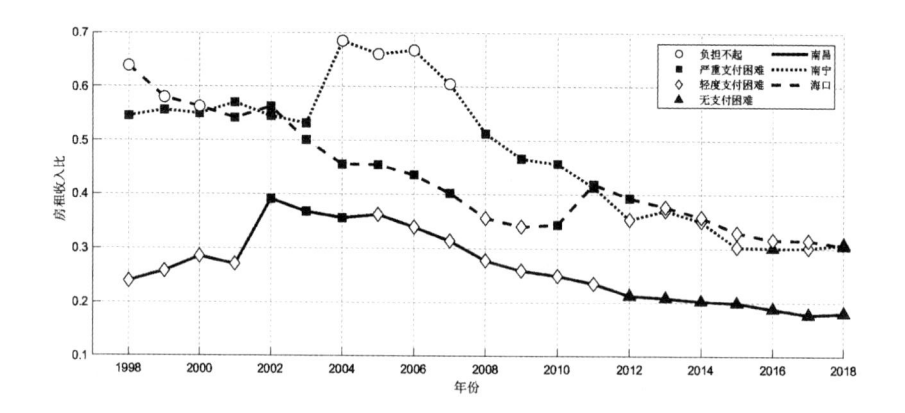

图 3-18　1998—2018 年三线城市房租可支付指数分布

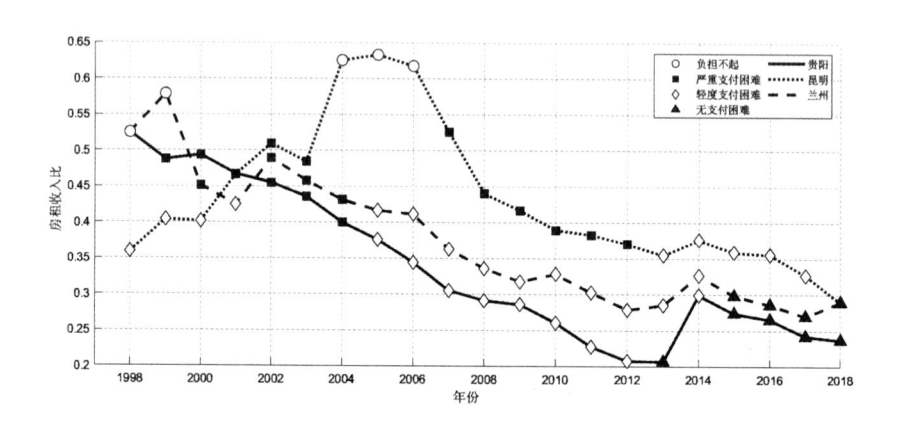

图 3-19　1998—2018 年三线城市房租可支付指数分布

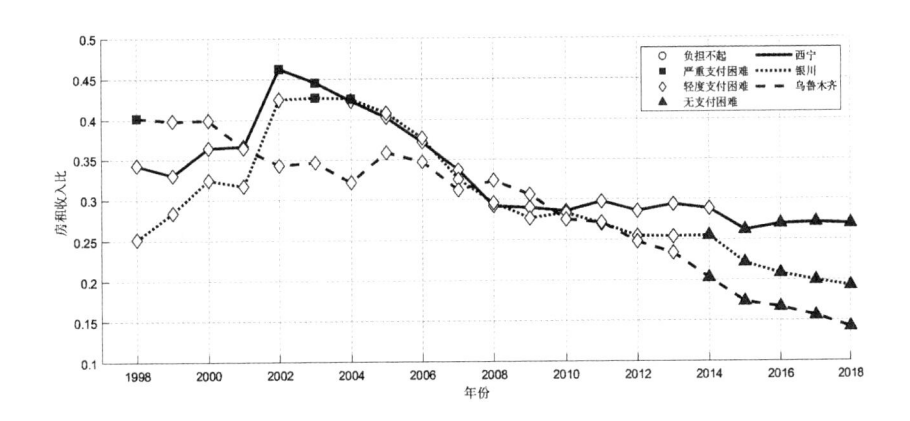

图 3-20　1998—2018 年三线城市房租可支付指数分布

六　按区域划分的房租可支付指数分布

根据国家统计局划分标准，本书将全国 31 个省份划分为东部、中部和西部地区。东部地区包括北京、福建、广东、海南、河北、江苏、辽宁、山东、上海、天津、浙江 11 个省份，中部地区包括安徽、河南、黑龙江、湖北、湖南、吉林、江西、山西 8 个省份，西部地区包括甘肃、广西、贵州、内蒙古、宁夏、青海、陕西、四川、西藏、新疆、云南、重庆 12 个省份。依照上述标准，本书将中国 35 个大中城市划分为东、中、西部地区。

图 3-21 至图 3-29 显示，首先，1998—2018 年，东、中、西部城市平均房租收入比呈下降趋势，中等收入者房租可支付性逐年增强。其次，2018 年东、中、西部城市平均房租收入比分别为 0.27、0.23 和 0.25，哈尔滨和福州 2 个城市中等收入者存在房租轻度支付

困难，其余大中城市中等收入者均不存在房租支付困难。最后，东部城市中等收入者房租收入比分布更分散，中西部城市中等收入者房租收入比分布更集中，表明东部城市中等收入者房租可支付性不平等程度（housing affordability inequality）高于中西部城市。

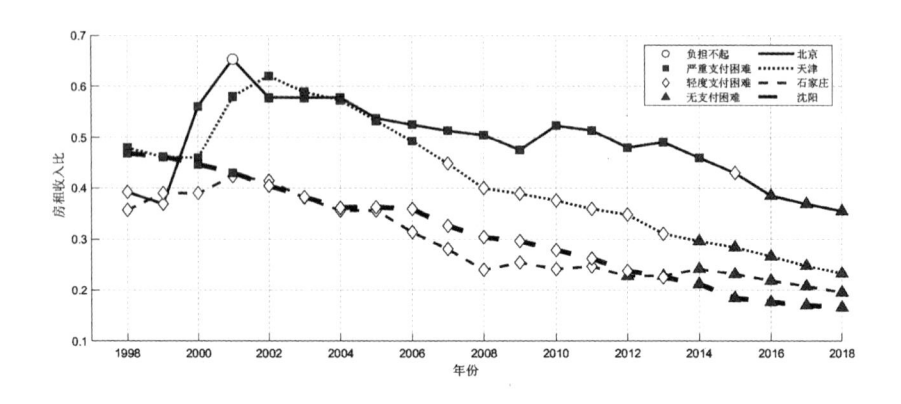

图3-21　1998—2018年东部城市房租可支付指数分布

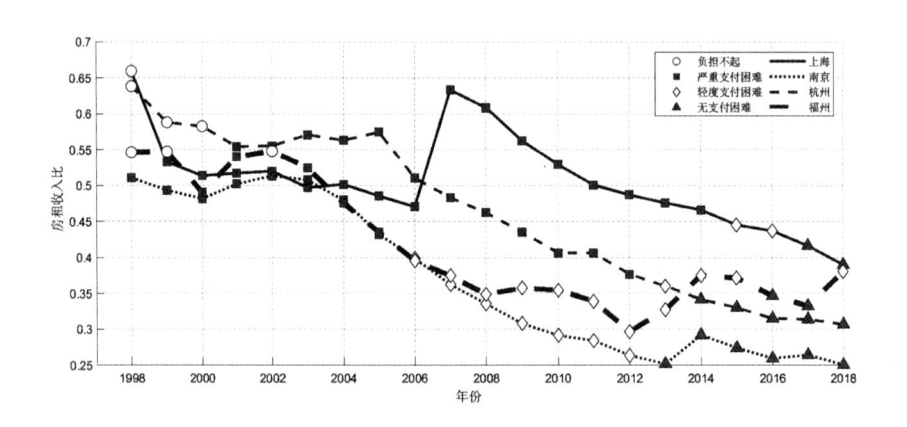

图3-22　1998—2018年东部城市房租可支付指数分布

第三章 中国 35 个大中城市房租可支付指数及其分布

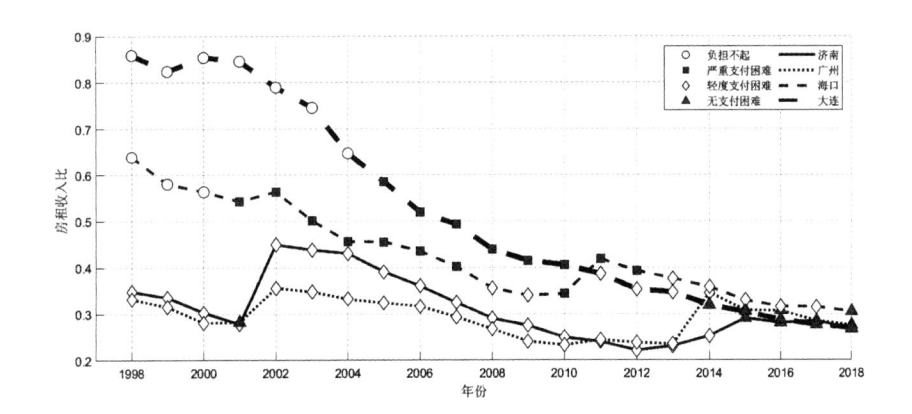

图 3-23　1998—2018 年东部城市房租可支付指数分布

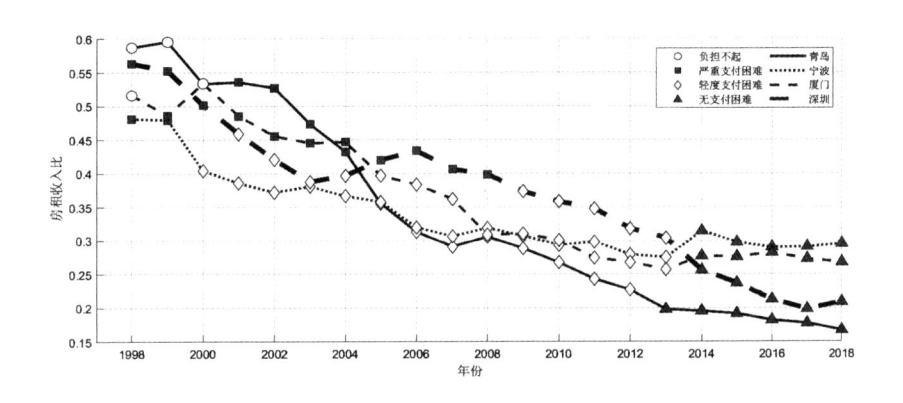

图 3-24　1998—2018 年东部城市房租可支付指数分布

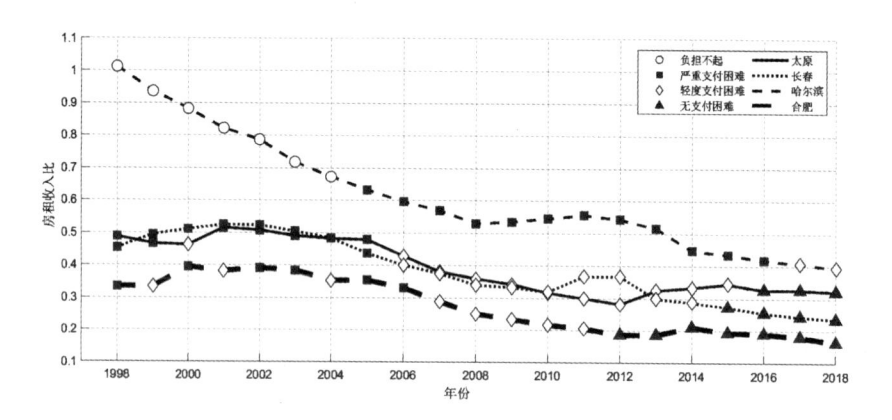

图 3-25　1998—2018 年中部城市房租可支付指数分布

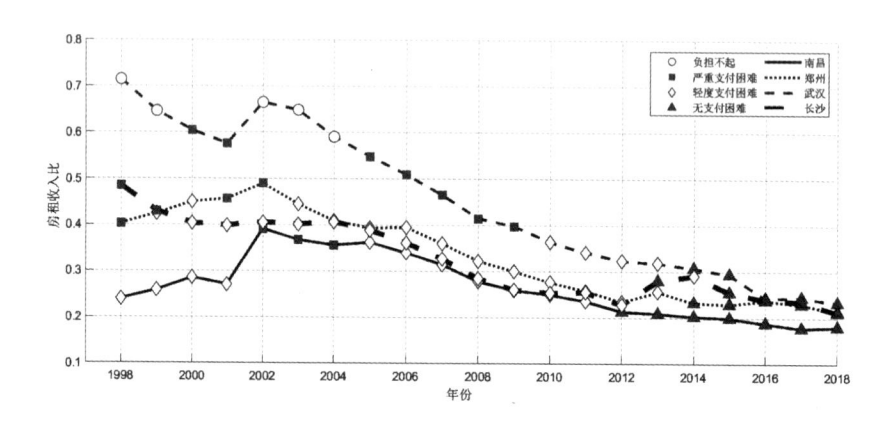

图 3-26　1998—2018 年中部城市房租可支付指数分布

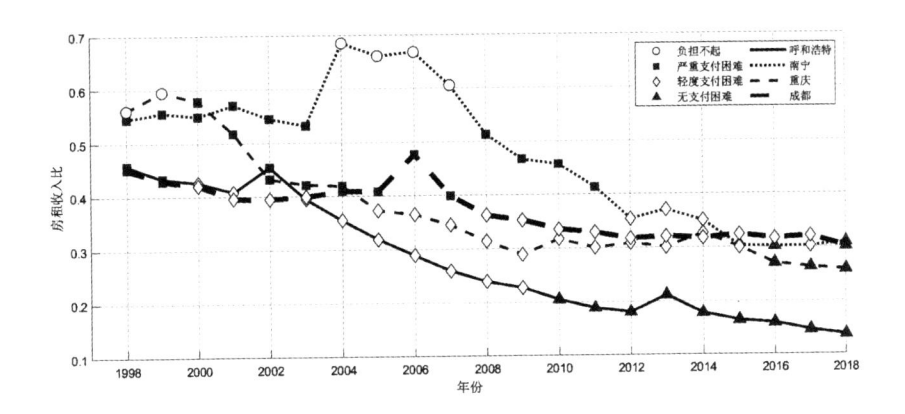

图 3-27　1998—2018 年西部城市房租可支付指数分布

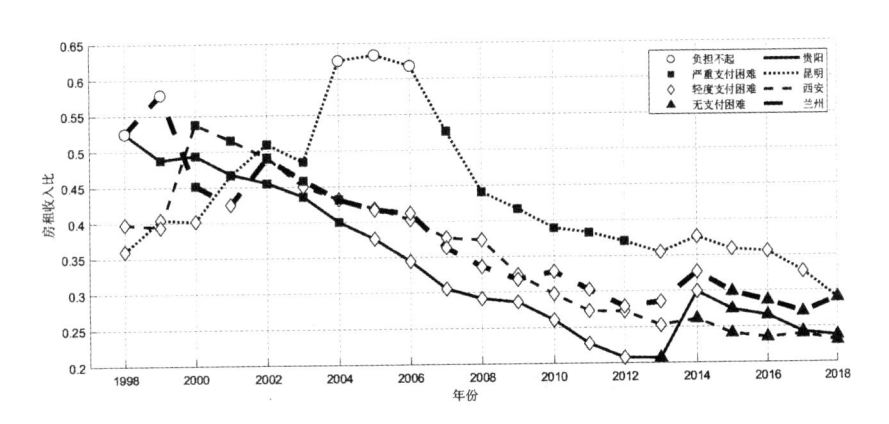

图 3-28　1998—2018 年西部城市房租可支付指数分布

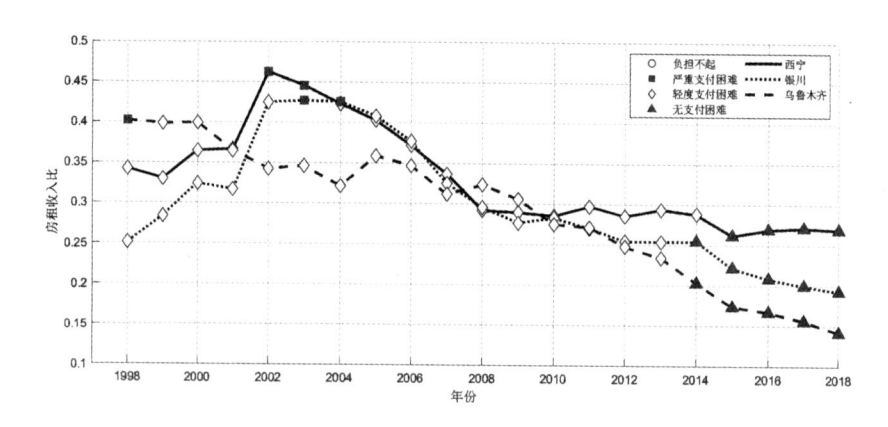

图 3-29　1998—2018 年西部城市房租可支付指数分布

七　1998—2018 年中国 35 个大中城市房租可支付指数排序

表 3-2 至表 3-4 显示，1998—2004 年，大连和哈尔滨中等收入者房租收入比始终位列前三，武汉中等收入者房租收入比始终位列前五，杭州和海口平均房租收入比也位居前列。北京和天津中等收入者房租收入比排序持续上升，2001—2003 年升至前五位。2005—2006 年，南宁和昆明中等收入者房租收入比升至前两位，哈尔滨中等收入者房租收入比仍位居前三，北京、天津、杭州、武汉和大连中等收入者房租收入比仍居前列。2007—2009 年，上海中等收入者房租收入比升至首位，哈尔滨中等收入者房租收入比仍位居前三位。2010—2013 年，哈尔滨中等收入者房租收入比位列 35 个大中城市首位，北京和上海中等收入者房租位居前三，杭州、昆明和南宁中等收入者房租收入比仍位居前列。2011—2013 年海口中等收入者房租收入比升至第四位，之后排序有所下降，但仍位居前列。自 2012 年以来，福州和太原中等收入

者房租收入比排序迅速上升，2014—2018 年位居前列，应引起当地政府高度重视。2015—2018 年上海、哈尔滨、北京和福州中等收入者房租收入比始终位居 35 个大中城市前五位，必要时可进行房租控制。

表 3 - 2　1998—2018 年中国 35 个大中城市平均房租收入比排序（1）

年份 排序	1998	1999	2000	2001	2002	2003	2004
1	哈尔滨	哈尔滨	哈尔滨	大连	大连	大连	南宁
2	大连	大连	大连	哈尔滨	哈尔滨	哈尔滨	哈尔滨
3	武汉	武汉	武汉	北京	武汉	武汉	大连
4	上海	青岛	杭州	天津	天津	天津	昆明
5	海口	重庆	重庆	武汉	北京	北京	武汉
6	杭州	杭州	海口	南宁	海口	杭州	北京
7	青岛	海口	北京	杭州	杭州	南宁	天津
8	深圳	兰州	南宁	海口	福州	福州	杭州
9	重庆	南宁	西安	福州	南宁	南京	上海
10	福州	深圳	厦门	青岛	青岛	长春	长春
11	南宁	福州	青岛	长春	长春	海口	太原
12	兰州	上海	上海	重庆	上海	上海	南京
13	贵阳	长春	长春	上海	南京	太原	福州
14	厦门	南京	深圳	西安	昆明	昆明	海口
15	南京	贵阳	贵阳	太原	太原	青岛	厦门
16	太原	厦门	福州	南京	西安	兰州	青岛
17	长沙	宁波	南京	厦门	兰州	西安	西安
18	宁波	太原	太原	贵阳	郑州	西宁	兰州
19	天津	沈阳	天津	昆明	西宁	郑州	济南
20	沈阳	天津	兰州	深圳	厦门	厦门	银川
21	呼和浩特	呼和浩特	郑州	郑州	贵阳	济南	西宁
22	长春	长沙	沈阳	沈阳	呼和浩特	贵阳	重庆
23	成都	成都	呼和浩特	兰州	济南	银川	郑州

续表

年份排序	1998	1999	2000	2001	2002	2003	2004
24	郑州	郑州	成都	石家庄	重庆	重庆	成都
25	乌鲁木齐	昆明	宁波	呼和浩特	银川	长沙	长沙
26	西安	乌鲁木齐	长沙	长沙	深圳	成都	贵阳
27	北京	西安	昆明	成都	石家庄	呼和浩特	深圳
28	昆明	石家庄	乌鲁木齐	宁波	长沙	深圳	宁波
29	石家庄	北京	合肥	合肥	沈阳	合肥	沈阳
30	济南	济南	石家庄	西宁	成都	沈阳	南昌
31	西宁	合肥	西宁	乌鲁木齐	南昌	石家庄	石家庄
32	合肥	西宁	银川	银川	合肥	宁波	呼和浩特
33	广州	广州	济南	广州	宁波	南昌	合肥
34	银川	银川	南昌	济南	广州	广州	广州
35	南昌	南昌	广州	南昌	乌鲁木齐	乌鲁木齐	乌鲁木齐

表3-3　1998—2018年中国35个大中城市平均房租收入比排序（2）

年份排序	2005	2006	2007	2008	2009	2010	2011
1	南宁	南宁	上海	上海	上海	哈尔滨	哈尔滨
2	昆明	昆明	南宁	哈尔滨	哈尔滨	上海	北京
3	哈尔滨	哈尔滨	哈尔滨	南宁	北京	北京	上海
4	大连	北京	昆明	北京	南宁	南宁	海口
5	杭州	大连	北京	杭州	杭州	杭州	南宁
6	武汉	杭州	大连	昆明	昆明	大连	杭州
7	北京	武汉	杭州	大连	大连	昆明	大连
8	天津	天津	武汉	武汉	武汉	天津	昆明
9	上海	成都	天津	天津	天津	武汉	长春
10	太原	上海	深圳	深圳	深圳	深圳	天津
11	海口	海口	海口	西安	福州	福州	深圳
12	长春	深圳	成都	成都	成都	海口	武汉
13	福州	太原	太原	太原	太原	成都	福州

续表

年份排序	2005	2006	2007	2008	2009	2010	2011
14	南京	兰州	西安	海口	海口	兰州	成都
15	深圳	西安	福州	福州	长春	长春	兰州
16	西安	长春	长春	长春	西安	重庆	重庆
17	兰州	南京	兰州	兰州	兰州	太原	太原
18	银川	福州	南京	南京	厦门	厦门	宁波
19	成都	郑州	厦门	乌鲁木齐	南京	西安	西宁
20	西宁	厦门	郑州	郑州	宁波	宁波	南京
21	厦门	银川	重庆	宁波	乌鲁木齐	南京	厦门
22	郑州	西宁	西宁	重庆	郑州	西宁	西安
23	济南	重庆	长沙	厦门	沈阳	银川	乌鲁木齐
24	长沙	长沙	沈阳	青岛	西宁	沈阳	银川
25	贵阳	济南	银川	沈阳	重庆	郑州	沈阳
26	重庆	沈阳	济南	银川	青岛	乌鲁木齐	郑州
27	沈阳	乌鲁木齐	南昌	西宁	贵阳	青岛	长沙
28	南昌	贵阳	乌鲁木齐	贵阳	银川	贵阳	石家庄
29	乌鲁木齐	南昌	宁波	济南	济南	长沙	广州
30	宁波	合肥	贵阳	长沙	长沙	济南	青岛
31	石家庄	宁波	广州	南昌	南昌	南昌	济南
32	青岛	广州	青岛	广州	石家庄	石家庄	南昌
33	合肥	石家庄	合肥	合肥	广州	广州	贵阳
34	广州	青岛	石家庄	石家庄	合肥	合肥	合肥
35	呼和浩特	呼和浩特	呼和浩特	呼和浩特	呼和浩特	呼和浩特	呼和浩特

表3-4　1998—2018年中国35个大中城市平均房租收入比排序（3）

年份排序	2012	2013	2014	2015	2016	2017	2018
1	哈尔滨	哈尔滨	上海	上海	上海	上海	哈尔滨
2	上海	北京	北京	哈尔滨	哈尔滨	哈尔滨	上海
3	北京	上海	哈尔滨	北京	北京	北京	福州

续表

年份 排序	2012	2013	2014	2015	2016	2017	2018
4	海口	海口	昆明	福州	昆明	福州	北京
5	杭州	南宁	福州	昆明	福州	昆明	太原
6	昆明	杭州	海口	太原	太原	太原	南宁
7	长春	昆明	南宁	杭州	成都	成都	杭州
8	南宁	大连	广州	海口	海口	海口	海口
9	大连	福州	杭州	成都	杭州	杭州	成都
10	天津	太原	太原	广州	广州	南宁	宁波
11	武汉	成都	兰州	大连	南宁	宁波	兰州
12	深圳	武汉	重庆	南宁	宁波	济南	昆明
13	成都	天津	大连	重庆	大连	广州	广州
14	重庆	深圳	成都	兰州	兰州	大连	西宁
15	福州	重庆	宁波	宁波	厦门	厦门	大连
16	西宁	长春	武汉	武汉	济南	西宁	厦门
17	太原	西宁	贵阳	济南	重庆	兰州	济南
18	宁波	兰州	天津	天津	西宁	南京	重庆
19	兰州	长沙	南京	厦门	天津	重庆	南京
20	西安	宁波	长沙	南京	贵阳	天津	贵阳
21	厦门	厦门	西宁	贵阳	南京	武汉	长春
22	南京	郑州	长春	长春	长春	长春	武汉
23	银川	银川	厦门	西宁	武汉	贵阳	天津
24	乌鲁木齐	西安	西安	长沙	长沙	西安	西安
25	沈阳	南京	深圳	西安	郑州	长沙	郑州
26	广州	广州	银川	深圳	西安	郑州	长沙
27	郑州	乌鲁木齐	济南	石家庄	石家庄	石家庄	深圳
28	长沙	济南	石家庄	郑州	深圳	银川	石家庄
29	石家庄	石家庄	郑州	银川	银川	深圳	银川
30	青岛	沈阳	沈阳	南昌	合肥	合肥	南昌
31	济南	呼和浩特	合肥	合肥	南昌	青岛	青岛
32	南昌	南昌	乌鲁木齐	青岛	青岛	南昌	沈阳

续表

年份 排序	2012	2013	2014	2015	2016	2017	2018
33	贵阳	贵阳	南昌	沈阳	沈阳	沈阳	合肥
34	合肥	青岛	青岛	乌鲁木齐	乌鲁木齐	乌鲁木齐	乌鲁木齐
35	呼和浩特	合肥	呼和浩特	呼和浩特	呼和浩特	呼和浩特	呼和浩特

八 主要结论与政策建议

(一) 主要结论

本书根据住房可支付理论边界值，将中等收入者房租可支付性划分为负担不起、严重支付困难、轻度支付困难和无支付困难4个等级，并使用1998—2018年中国35个大中城市家庭支出与收入数据测算中等收入者房租收入比，与现有传统住房可支付指标比较分析发现，传统指标高估中等收入者住房支付困难程度，低估中等收入者住房可支付能力，这与Kutty（2005）发现传统指标低估住房支付困难程度不同。

第一，2018年中国35个大中城市中等收入者无负担不起房租城市，也无严重房租支付困难城市。

第二，2018年哈尔滨和福州中等收入者房租收入比介于$1 - e_{it} - AT_{it} - ME_{it}$和$1 - e_{it} - AT_{it}$之间，中等收入者存在轻度房租支付困难，但能租得起。

第三，2018年北京、天津、石家庄、太原、呼和浩特、沈阳、长春、上海、南京、杭州、合肥、南昌、济南、郑州、武汉、长沙、广州、南宁、海口、重庆、成都、贵阳、昆明、西安、兰州、西宁、银川、乌鲁木齐、大连、青岛、宁波、厦门、深圳33个城市平均房

租收入比小于 $1-e_{it}-AT_{it}-ME_{it}$，中等收入者无房租支付困难，能租得起。

第四，1996—2018 年中国 35 个大中城市中等收入者房租收入比总体呈下降趋势，中等收入者房租可支付性逐年增强，租不起仅存在于房改早期以及某些特定城市。

第五，1998—2018 年一线、二线和三线城市平均房租收入比呈下降趋势，中等收入者房租可支付性逐年增强。2018 年哈尔滨和福州中等收入者存在房租轻度支付困难，其他 33 个大中城市中等收入者均不存在房租支付困难。

第六，东部城市中等收入者房租收入比分布更分散，中西部城市中等收入者房租收入比分布更集中，表明东部城市中等收入者房租可支付性不平等程度（housing affordability inequality）高于中西部城市，应重点解决东部城市中低收入者房租可支付问题。

（二）政策建议

综上，中国城市中等收入者房租可支付性存在时空差异，35 个大中城市中等收入者在某些年份存在不同程度房租支付问题，不仅相同城市某些年份存在"租不起"问题，而且相同年份某些城市存在"租不起"问题。为贯彻落实党的十九大提出的"房住不炒"定位，实现"住有所居"，解决居民住房问题，提出如下建议。

第一，对哈尔滨和福州中等收入者存在轻度房租支付困难的城市，为保障"住有所居"，地方政府应大力规范和发展租赁市场，提供更多房源，保障租客权益。同时，继续推进保障房、公租房和廉租房建设以及棚户区改造。需指出的是，尽管上述城市存在"租不起房"问题，但本书仅涉及中等收入者房租可支付性问题，并未涉及高收入者和小产权房（城乡接合部）租客的房租可支付性问题，也未涉及特定房租优惠政策人群的房租可支付性问题。

第二，对北京、天津、石家庄、太原、呼和浩特、沈阳、长春、上海、南京、杭州、合肥、南昌、济南、郑州、武汉、长沙、广州、南宁、海口、重庆、成都、贵阳、昆明、西安、兰州、西宁、银川、乌鲁木齐、大连、青岛、宁波、厦门和深圳33个中等收入者无房租支付困难的城市，地方政府保障房工作重点是解决低收入者和最低收入者住房问题，为其提供充足的公租房和廉租房。

第三，鉴于"租不起"与"租得起"会因时因城出现，房租控制政策既不能"一刀切"，也不能长期不变，要因城因时施策。

第四，中国35个大中城市中等收入者房租收入比总体呈下降趋势，中等收入者房租可支付性逐年增强。鉴于住房租赁市场与买卖市场内在关联，提升住房可支付性不仅要控制房租，而且要抑制房价，要"双管齐下"，才能标本兼治。

第 四 章

中国35个大中城市房价可支付指数及其分布

一 房价可支付标准划分

前已述及,房价可支付性通常以房价收入比表示。世界银行专家 Hamer 对世界 50 多个城市调查研究发现,房价收入比为 4—6 倍比较合理。① Renaud 认为 4—6 倍房价收入比比较合理。② 联合国人居中心(1996)认为,2—3 倍房价收入比比较合理,房价收入比超过 5,大多数人会买不起房子。前世界银行总规划师 Bertaud 认为,房价收入比小于 3 倍住房可支付,大于 5 倍住房不可支付。③ Lau and Li 以平均房价和家庭收入测算 1992—2001 年北京 60 平方米商品房的房价收入比,发现高收入者房价收入比为 5.04—9.08,中高收入者房价收入比

---

① Andrew Hamer, *China: Urban Land Management in an Emerging Market Economy*, Washington, D. C. , World Bank, 1993.

② Bertand Renaud, "Affordability, Price-income Ratio and Housing Performance: An International Perspective", Working Paper, No. 52, Centre of Urban Planning and Environmental Management, Univerisity of Hong Kong, 1991. Bertand Renaud, "The Real Estate Economy and the Structure of Housing Reforms in Socialist Economies", Working Paper, No. 64, Centre of Urban Planning and Environmental Management, Univerisity of Hong Kong, 1994.

③ Alain Bertaud ed. , *15th Annual Demographia International Housing Affordability Survey: 2019, Data for 3rd Quarter 2018*, MIT Press, 2018.

为 7.33—12.19，中等收入者房价收入比为 8.5—14.2，中低收入者房价收入比为 10.56—16.13，低收入者房价收入比为 13.55—19.63，中等收入者无力支付房价。[1] 刘洪玉等以实际住房面积和家庭可支配收入测算 2000 年北京房价收入比，发现房改房房价收入比为 3.6，经济适用房房价收入比为 9.2，商品房房价收入比为 17.5，中低收入户和低收入户房价收入比为 12—19，基本不具备住房可支付，中等收入户和中高收入户房价收入比为 8—12，具备一定住房可支付，高收入户房价收入比为 6—10，基本具备住房可支付。[2] 1998 年国务院发布的《关于进一步深化城镇住房制度改革 加快住房建设的通知》（国发〔1998〕23 号）第六条规定："停止住房实物分配后，房价收入比（即本地区一套建筑面积为 60 平方米经济适用房的平均价格与双职工家庭年平均工资之比）在 4 倍以上，且财政、单位原有住房建设资金可转化为住房补贴的地区，可对无房和住房面积未达到规定标准的职工进行住房补贴。"可见，3—6 倍房价收入比已成为国内外判断房价收入比合理性的重要指标。

综上，现有房价收入比划分标准基于经验，缺乏理论基础，本书住房可支付理论模型为房价收入比划分提供理论依据。由式 2—9 可推导出房价收入比理论边界值。即：

$$PI_{it} = \frac{P_{it}}{Y_{it}} = \frac{HI_{it}^P}{uc_{it}} = \frac{HI_{it}^P}{i_{it} + \tau_{it} + m_{it} + d_{it} - g_{it}^e}$$

同样，根据表 2-1 中国住房可支付性划分标准，我们可划分中

---

[1] Ka M. Lau and Si-Ming Li, "Commercial Housing Affordability in Beijing, 1992 – 2002", *Habitat International*, Vol. 30, No. 3, 2006, pp. 614 – 627.

[2] 刘洪玉等：《房地产业同社会经济协调发展理论与政策研究》，研究报告，2003 年。

等收入者房价可支付标准（见表 4-1）。需指出的是，因单位住房使用成本（uc_{it}）动态变化，房价收入比理论边界值也动态变化，当房价收入比超过 $\frac{1-e_{it}-AT_{it}}{uc_{it}}$ 时，中等收入者无力支付房价，存在买不起问题。

表 4-1　　　　　　　　中等收入者房价可支付标准划分

房价可支付标准	本书标准	传统标准
负担不起	$PI_{it} \geq \frac{1-e_{it}}{uc_{it}}$ 或 $e_{it} \geq 1$	$PI_{it} \geq 6$
严重支付困难	$\frac{1-e_{it}}{uc_{it}} > PI_{it} \geq \frac{1-e_{it}-AT_{it}}{uc_{it}}$	$6 > PI_{it} \geq 4$
轻度支付困难	$\frac{1-e_{it}-AT_{it}}{uc_{it}} > PI_{it} \geq \frac{1-e_{it}-AT_{it}-ME_{it}}{uc_{it}}$	$4 > PI_{it} \geq 3$
无支付困难	$\frac{1-e_{it}-AT_{it}-ME_{it}}{uc_{it}} > PI_{it} \geq \frac{1-e_{it}-AT_{it}-ME_{it}-UO_{it}}{uc_{it}}$	$PI_{it} < 3$

二　数据及说明

本书使用 1996—2018 年中国 35 个大中城市的房价和家庭收入数据。城镇居民家庭年人均可支配收入、家庭平均人口、人均住房面积以及城市房价来自各市统计年鉴（1997—2019 年）。

三　房价可支付指数构建

前已述及，房价可支付指数以房价收入比表示。房价收入比计算公式如下：

$$房价收入比 = \frac{住房平均价格 \times 人均住房建筑面积}{人均可支配收入}$$

同样，本书房价收入比是指中等收入者而非高收入者和低收入者的房价收入比。

尽管住房使用成本被众多学者使用，但实际测算会遇到许多困难，必须做出相应假设。据此，借鉴 Himmelberg 等研究，[①] 本书假定：

（1）中等收入者不存在融资约束和流动性约束，以五年期及以上央行基准利率作为房贷利率；

（2）2011年1月28日上海和重庆进行房产税试点，根据2011年上海和重庆的房产税暂行办法，2011年及以后两市房产税税率设定为0.5%，其他城市房产税税率为零；

（3）根据1998年和2008年住建部和财政部发布的《住宅共用部位、共用设施设备维修基金管理办法》以及《住宅专项维修资金管理办法》，维修费率设定为2%；

（4）根据住建部和国家质量监督局2011年发布的《住宅设计规范》规定，住房资本折旧按50年期、残值率为5%的直线法计提；

（5）房价预期增长率包括理性预期房价增长率和非理性预期房价增长率。理性预期房价增长率假定同一城市房价预期增长率不变，将样本期（1996—2018年）房价由HP滤波法得到房价趋势项，以房价

[①] Charles Himmelberg, Christopher Mayer and Todd Sinai, "Assessing High House Prices: Bubbles, Fundamentals and Misperceptions", *The Journal of Economic Perspectives*, Vol. 19, No. 4, 2005, pp. 67 – 92.

趋势项几何增长率作为理性预期房价增长率。① 非理性预期房价增长率以历史房价增长率表示，包括过去3年和5年房价增长率移动平均（1996—2018年）。② 需指出的是，中国正处于经济转轨期，社会和经济不断发展变化，居民难以形成稳定预期，特别是理性预期。图4-1显示，1996—2018年中国房价波动较大。据此，本书认为非理性预期比理性预期更能反映居民对房价的预期。

需指出的是，上述住房使用成本假定是假定中等收入者不存在融资约束（LTV ratio或首付比率）和流动性约束（DTI，债务收入比）。当住房使用成本小于0（$uc_{it} < 0$）时，预期房价增长率很大，中等收入者因融资约束和流动性约束无法获取抵押贷款，无法支付高企房价，中等收入者负担不起房价。因此，本书将$uc_{it} < 0$视为中等收入者负担不起房价。

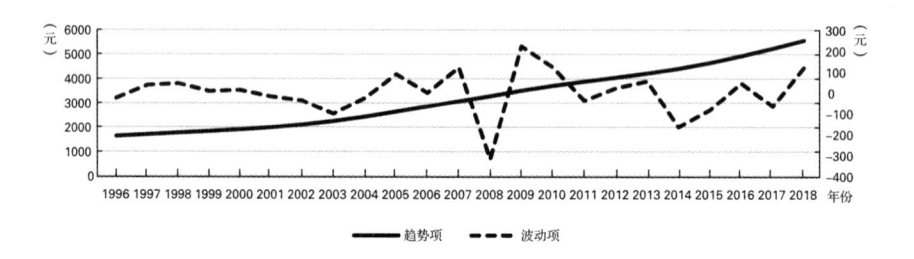

图4-1 1996—2018年中国住房价格趋势项和波动项

---

① 对年度房价数据采用HP滤波法，平滑参数取6.25，参见Morten O. Ravn and Harald Uhlig, "On Adjusting the Hodrick-Prescott Filter for the Frequency of Observations", *Review of Economics and Statistics*, Vol. 84, No. 2, 2002, pp. 371–376。

② 图4-1显示，1996—2018年中国住房价格波动周期为3—5年，故采用过去3年和5年住房价格增长率移动平均作为非理性预期。

四 1998—2018 年中国 35 个大中城市房价可支付指数分布

(一) 理性预期下中国 35 个大中城市房价可支付指数分布

图 4-2 显示，按照本书房价可支付标准，理性预期房价增长率下 1998—2018 年中国 35 个大中城市平均房价收入比总体呈上涨趋势，但只有少数城市中等收入者在个别年份存在房价严重支付困难和负担不起问题。图 4-3 至图 4-12 显示，中等收入者负担不起房价的城市包括 2002—2004 年、2009—2011 年及 2015—2018 年太原，

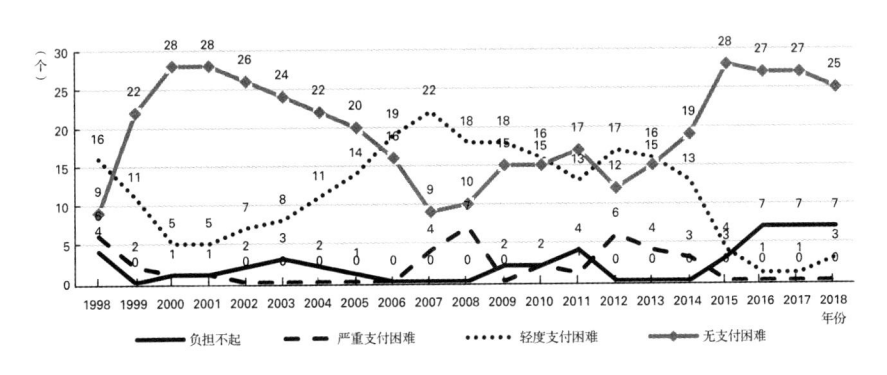

图 4-2 理性预期下 1998—2018 年房价可支付性城市分布

1998 年沈阳、长春、哈尔滨和大连，2003 年、2011 年以及 2015—2018 年杭州，2016—2018 年合肥和武汉，2011 年以及 2016—2018 年宁波，2000—2005 年、2009—2011 年以及 2015—2018 年厦门，2016—2018 年深圳。中等收入者存在严重房价支付困难的城市包括1998 年北京和长沙，1999—2001 年、2008 年以及 2012 年沈阳，1999 年长春，2007—2008 年以及 2012—2014 年上海，1998 年、2008 年以及 2012—2014 年福州，1998 年、2007—2008 年以及 2013 年南宁，

2010年和2012年海口，2008年昆明，2014年西宁，1998年和2012年银川，1998年、2008年、2010—2013年乌鲁木齐，2007—2008年大连。房价严重支付困难城市的中等收入者同样面临买不起问题。

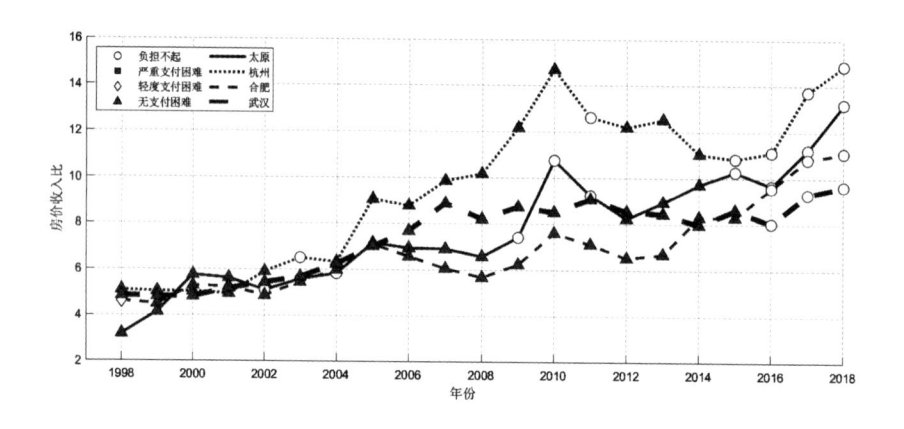

图4-3　理性预期下2018年房价负担不起城市

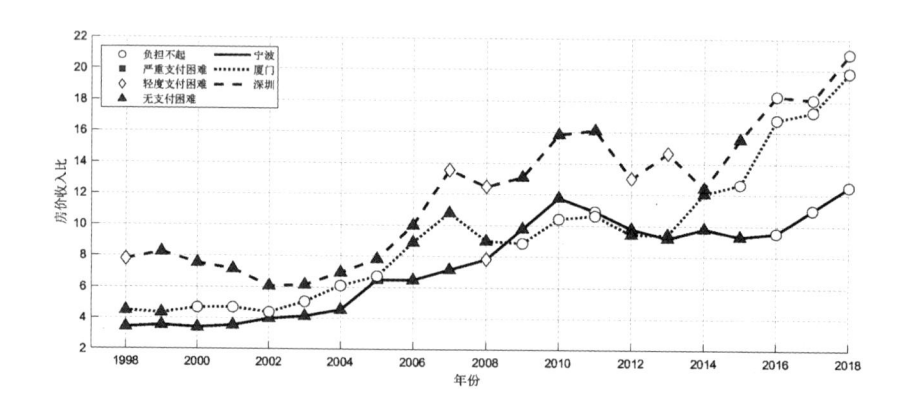

图4-4　理性预期下2018年房价负担不起城市

第四章 中国35个大中城市房价可支付指数及其分布

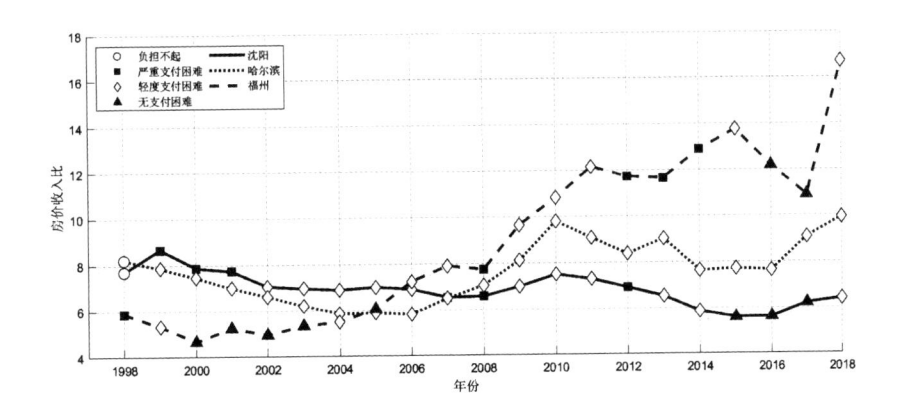

图4-5 理性预期下2018年房价轻度支付困难城市

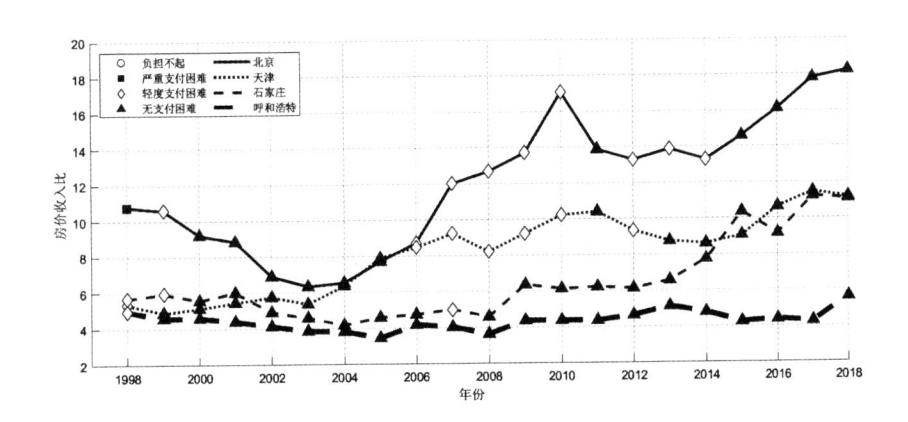

图4-6 理性预期下2018年房价无支付困难城市

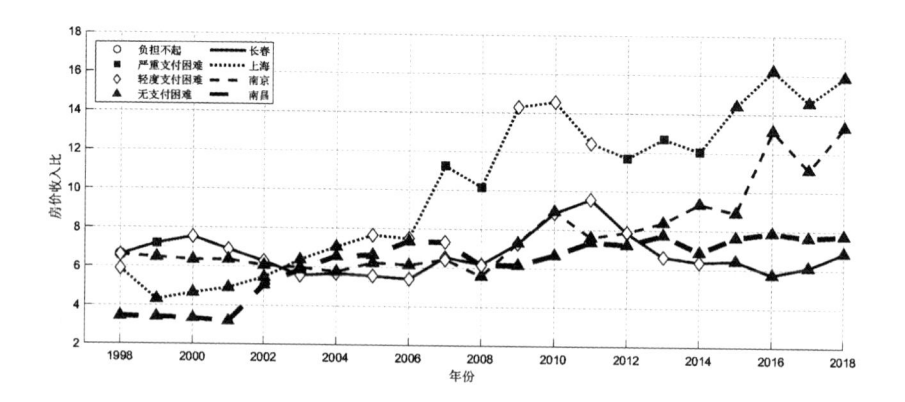

图 4-7　理性预期下 2018 年房价无支付困难城市

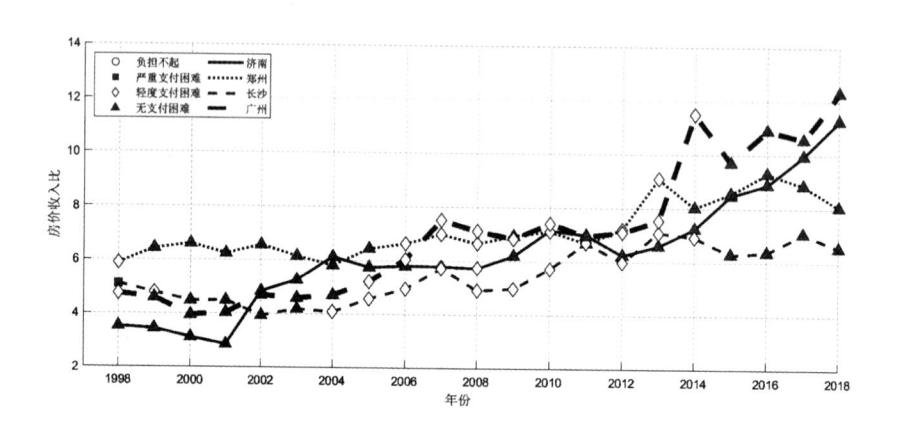

图 4-8　理性预期下 2018 年房价无支付困难城市

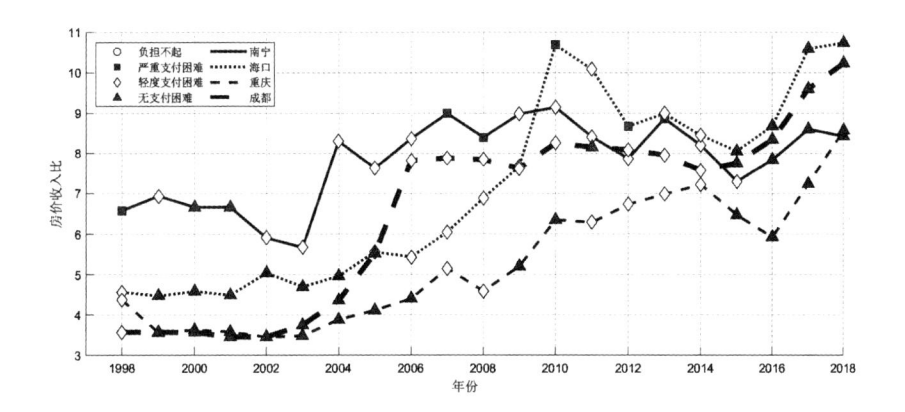

图 4-9　理性预期下 2018 年房价无支付困难城市

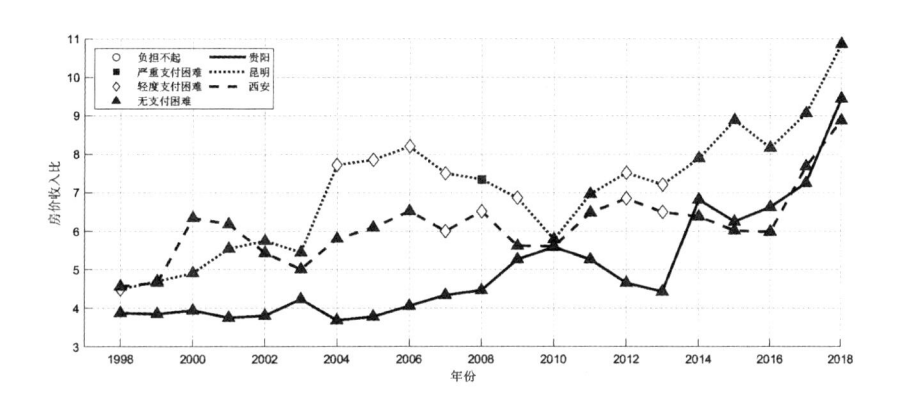

图 4-10　理性预期下 2018 年房价无支付困难城市

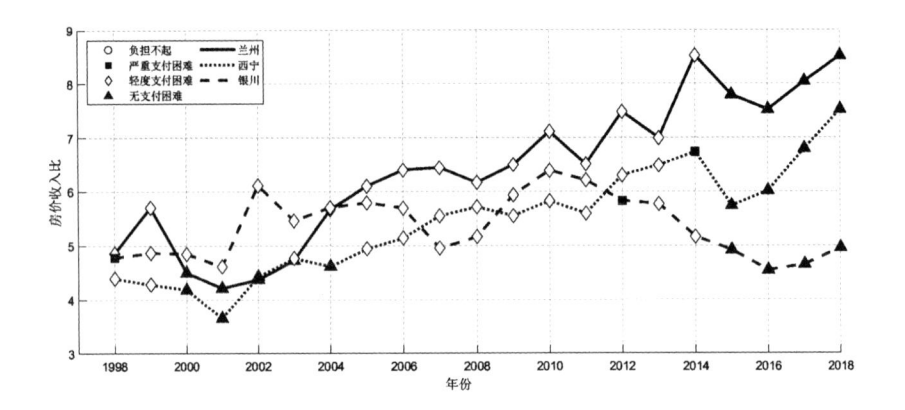

图 4–11　理性预期下 2018 年房价无支付困难城市

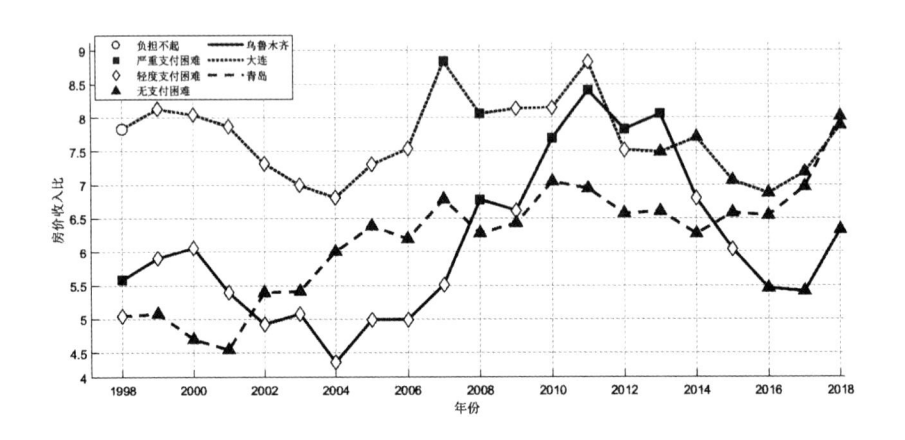

图 4–12　理性预期下 2018 年房价无支付困难城市

(二) 非理性预期下中国 35 个大中城市房价可支付指数分布

1. 3 年预期房价增长率下中国 35 个大中城市房价可支付指数分布

图 4-13 显示，按照本书房价可支付标准，尽管 3 年房价增长率移动平均下 2000—2018 年中国 35 个大中城市中等收入者房价支付困难程度波动较大，但 35 个大中城市中等收入者在不同年份均存在买不起问题。图 4-14 至图 4-24 显示，3 年房价增长率移动平均下 2000—2018 年中国 35 个大中城市中等收入者房价无支付困难、轻度支付困难和严重支付困难城市数量较少，房价负担不起城市数量较多。2007—2012 年中等收入者房价负担不起城市数量最多，2012 年 35 个大中城市有 24 个城市中等收入者存在房价负担不起问题。2018 年有 17 个城市中等收入者负担不起房价，包括北京、天津、石家庄、沈阳、哈尔滨、上海、南京、杭州、合肥、福州、武汉、海口、贵阳、昆明、西安、厦门和深圳。这表明，非理性预期下，过去 3 年过快的房价增长率引发房价增长乐观预期，催生住房投机，产生过高房价收入比，导致中等收入者买不起。因此，让买房者预期回归理性，有利于房价稳定和提升房价支付能力。

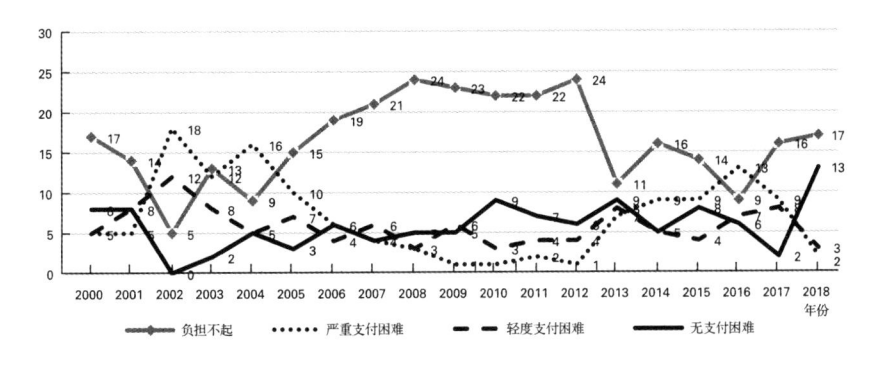

图 4-13 3 年预期房价增长率下 2000—2018 年房价可支付指数城市分布

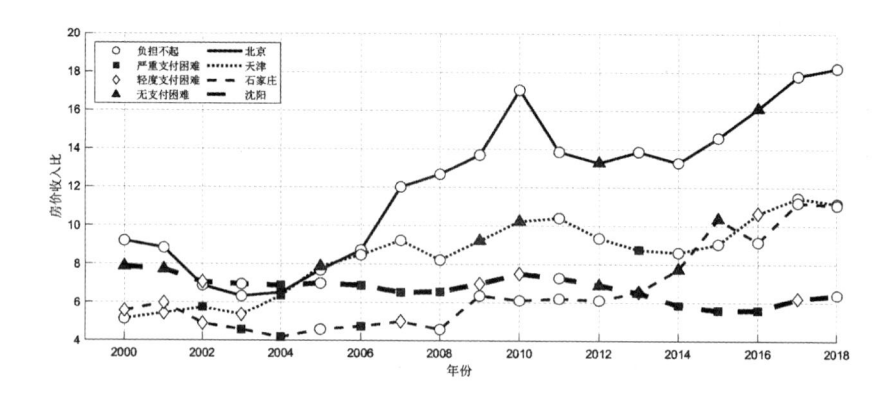

图 4-14　3 年预期房价增长率下 2018 年房价负担不起城市

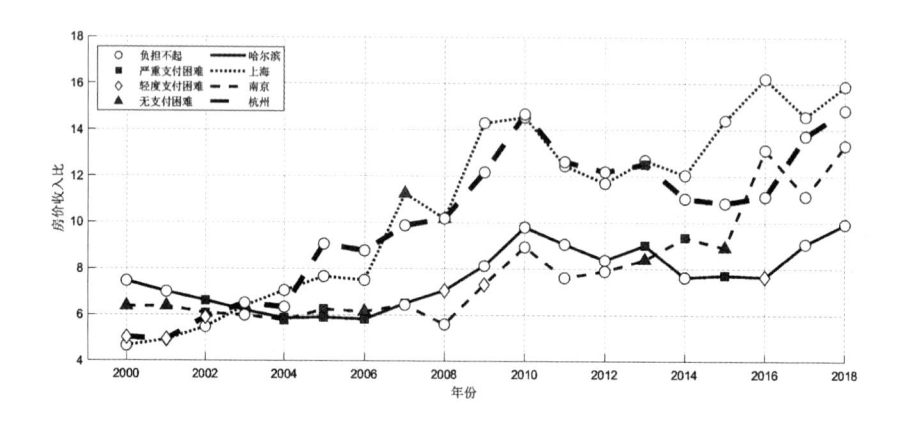

图 4-15　3 年预期房价增长率下 2018 年房价负担不起城市

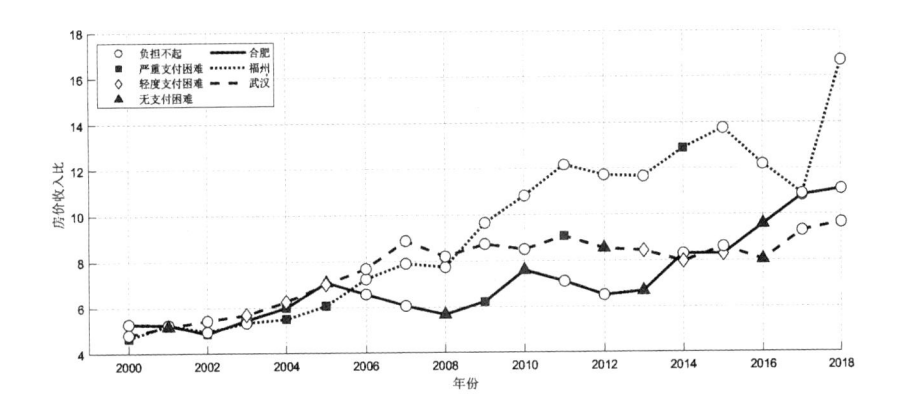

图4-16　3年预期房价增长率下2018年房价负担不起城市

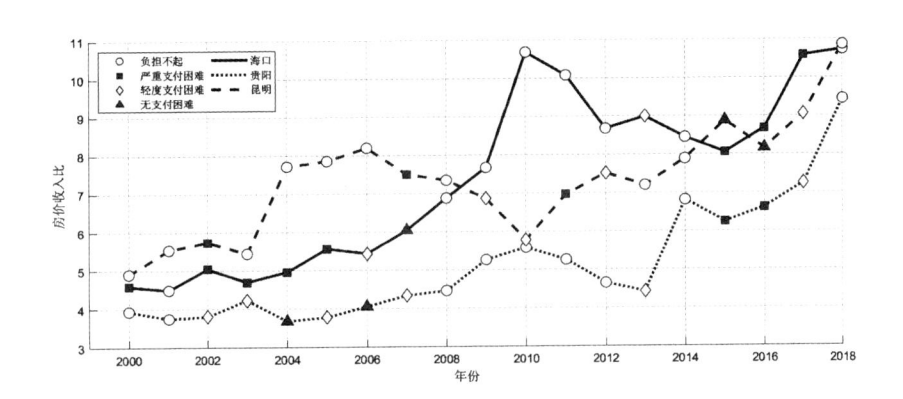

图4-17　3年预期房价增长率下2018年房价负担不起城市

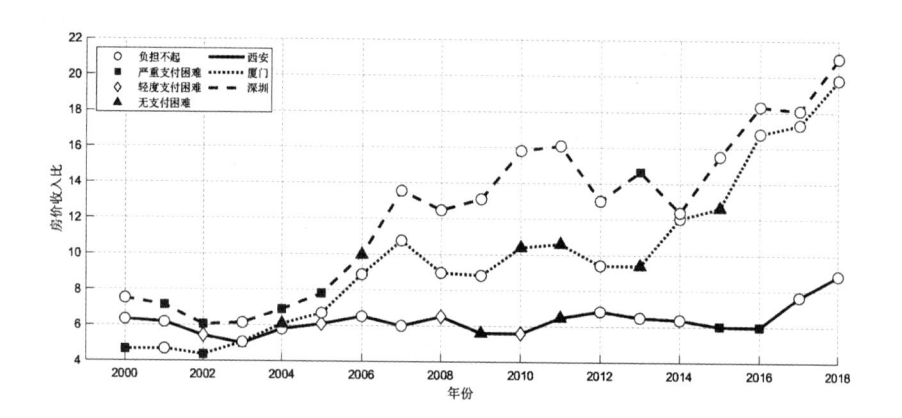

图 4-18　3 年预期房价增长率下 2018 年房价负担不起城市

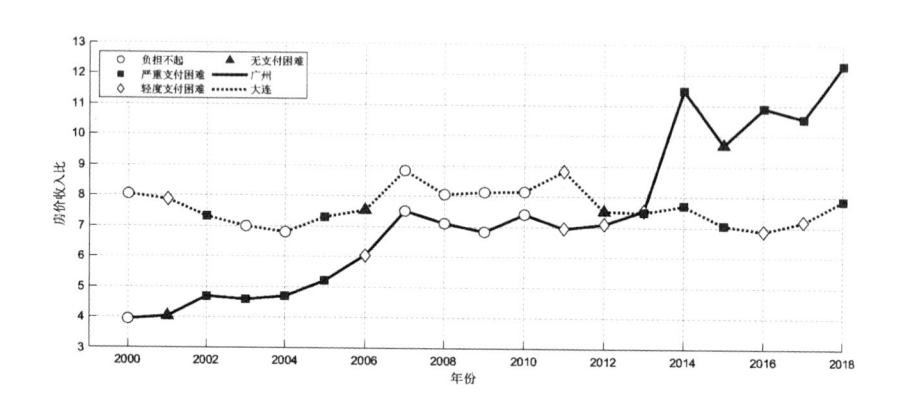

图 4-19　3 年预期房价增长率下 2018 年房价严重支付困难城市

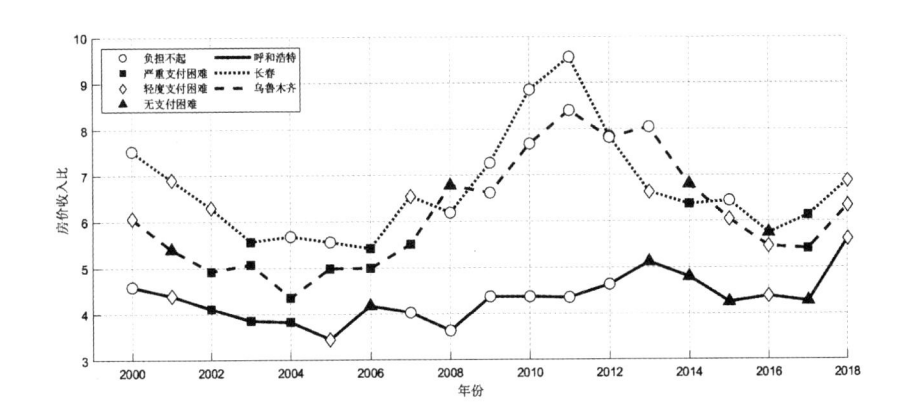

图 4-20　3 年预期房价增长率下 2018 年房价轻度支付困难城市

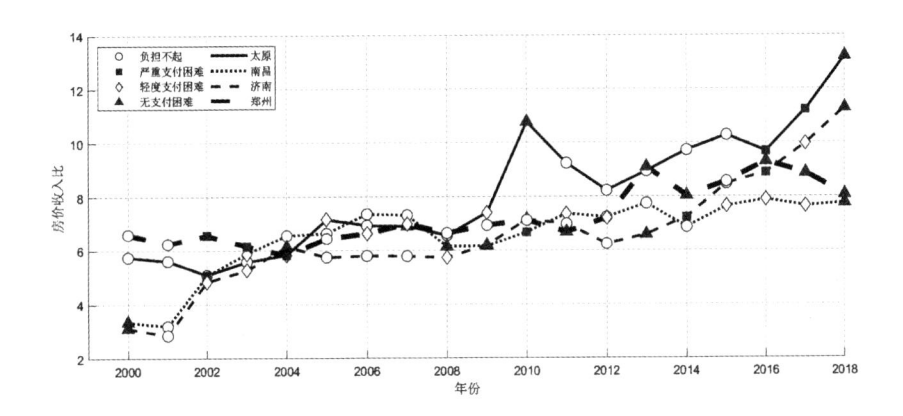

图 4-21　3 年预期房价增长率下 2018 年房价无支付困难城市

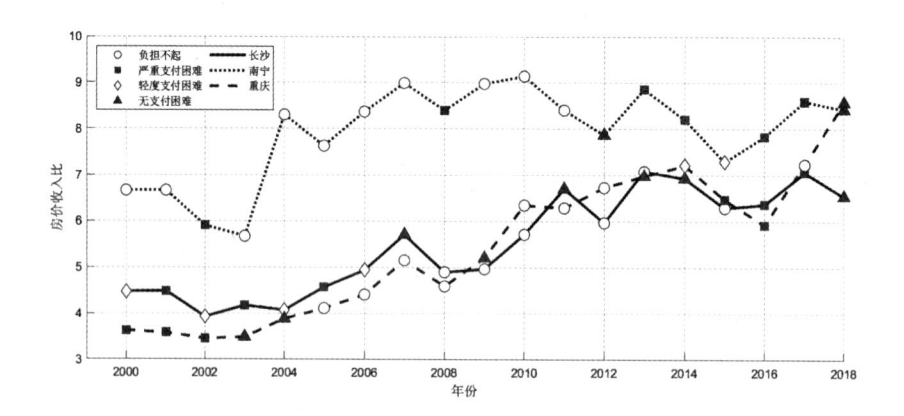

图 4-22 3 年预期房价增长率下 2018 年房价无支付困难城市

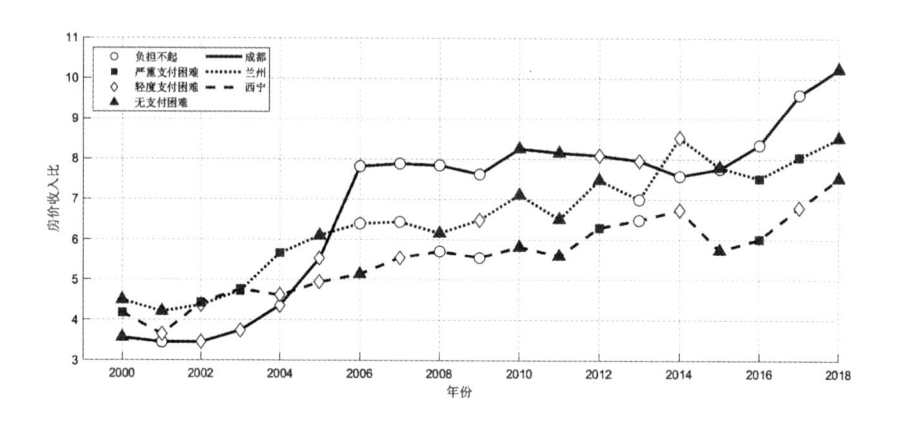

图 4-23 3 年预期房价增长率下 2018 年房价无支付困难城市

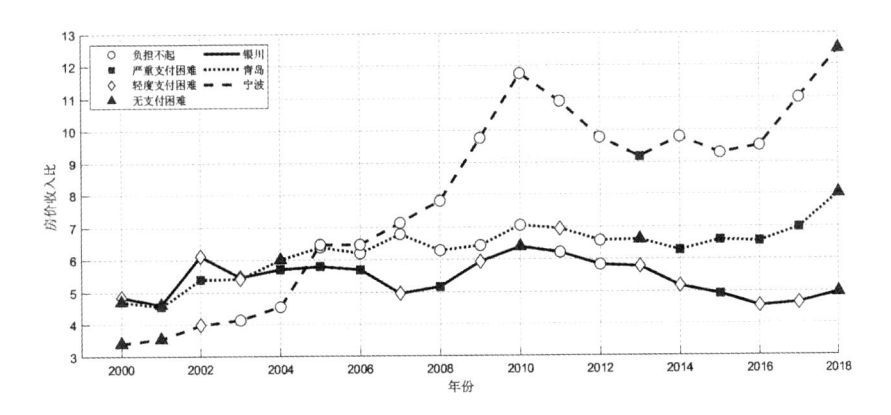

图 4-24　3 年预期房价增长率下 2018 年房价无支付困难城市

2. 5 年预期房价增长率下 2002—2018 年中国 35 个大中城市房价可支付指数分布

前已述及，本书以过去 3 年房价增长率移动平均和过去 5 年房价增长率移动平均代表非理性预期。图 4-25 显示，与 3 年房价增长率移动平均相似，5 年房价增长率移动平均下 2002—2012 年中国 35 个大中城市中等收入者房价无支付困难、轻度和严重支付困难城市数量较少，房价负担不起城市数量较多，但自 2012 年负担不起房价城市数量减少。2008—2012 年中等收入者房价负担不起的城市数量最多，2011 年 35 个大中城市有 29 个城市中等收入者负担不起房价。图 4-26 至图 4-36 显示，2018 年有 11 个城市中等收入者负担不起房价，包括北京、天津、石家庄、上海、南京、合肥、福州、海口、宁波、厦门和深圳。这表明，与理性预期相比，非理性预期更易导致房价过快高涨，降低中等收入者房价可支付能力，出现买不起问题。因此，为实现"房住不炒"以及抑制住房泡沫，"稳预期"对房价可支付具有重要影响。

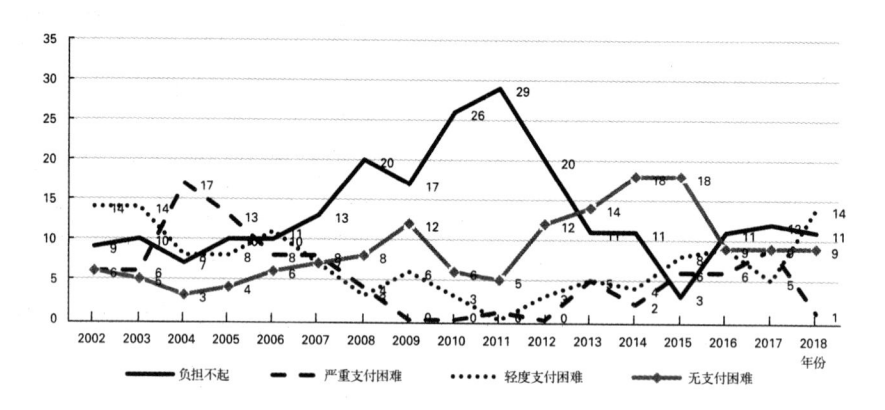

图 4-25 5 年预期房价增长率下 2002—2018 年房价可支付指数城市分布

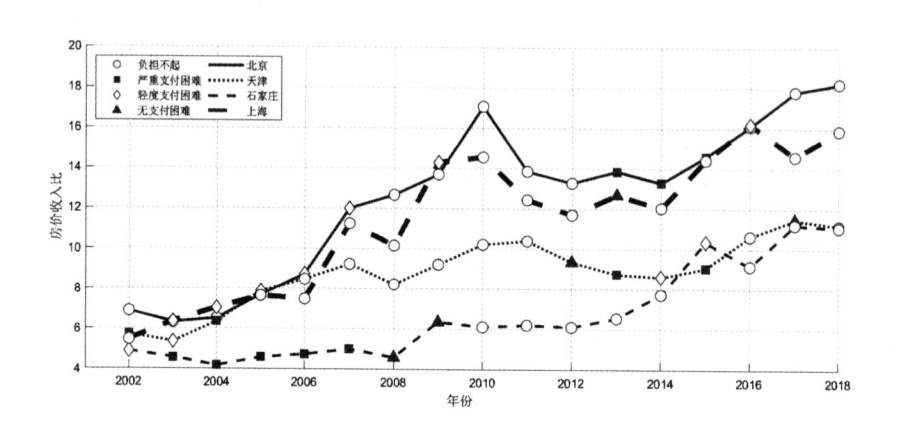

图 4-26 5 年预期房价增长率下 2018 年房价负担不起城市

第四章 中国35个大中城市房价可支付指数及其分布

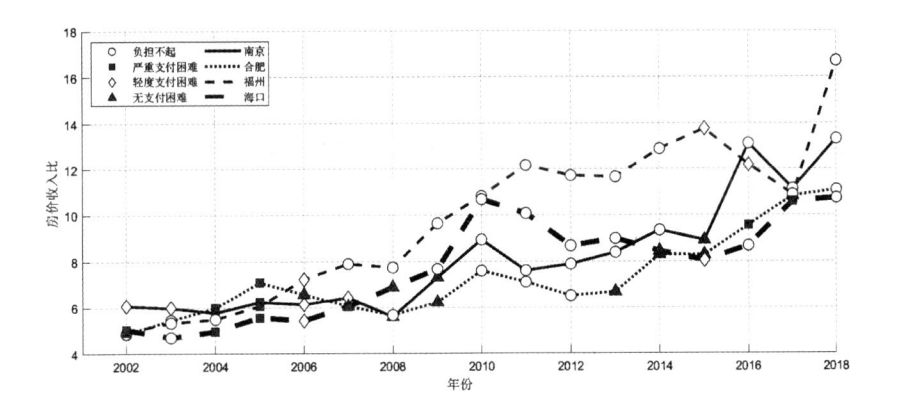

图4-27 5年预期房价增长率下2018年房价负担不起城市

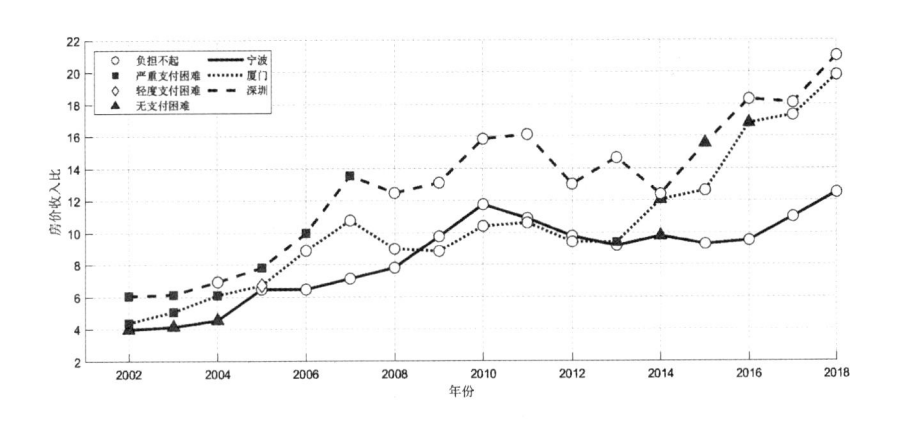

图4-28 5年预期房价增长率下2018年房价负担不起城市

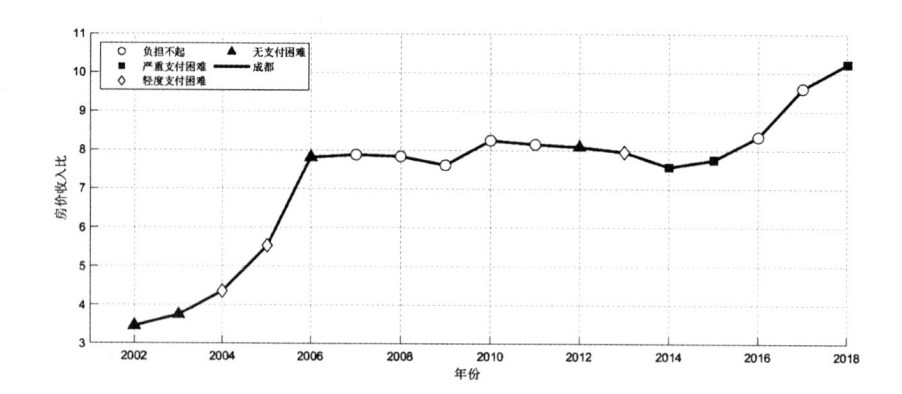

图 4-29　5 年预期房价增长率下 2018 年房价严重支付困难城市

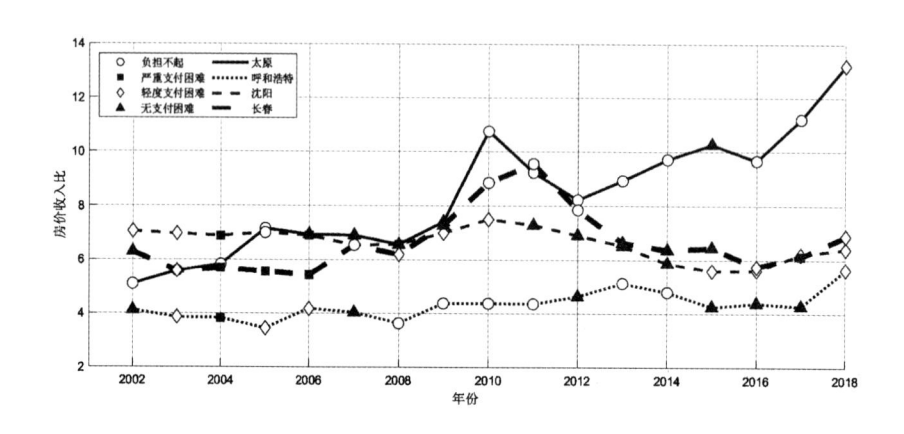

图 4-30　5 年预期房价增长率下 2018 年房价轻度支付困难城市

第四章 中国35个大中城市房价可支付指数及其分布

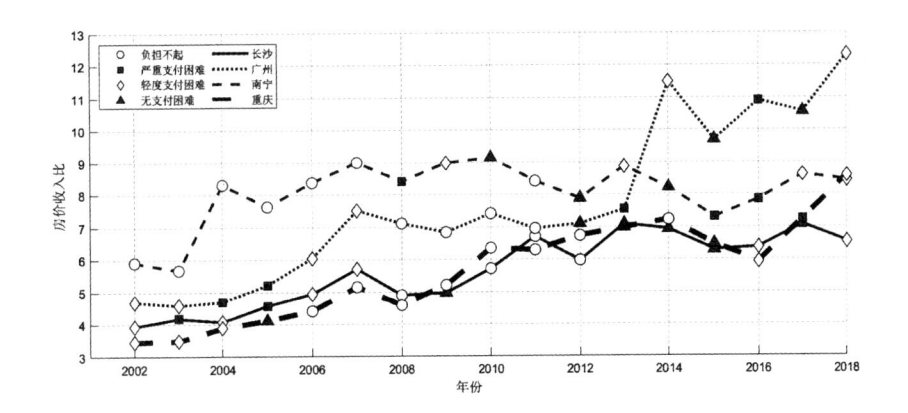

图4-31 5年预期房价增长率下2018年房价轻度支付困难城市

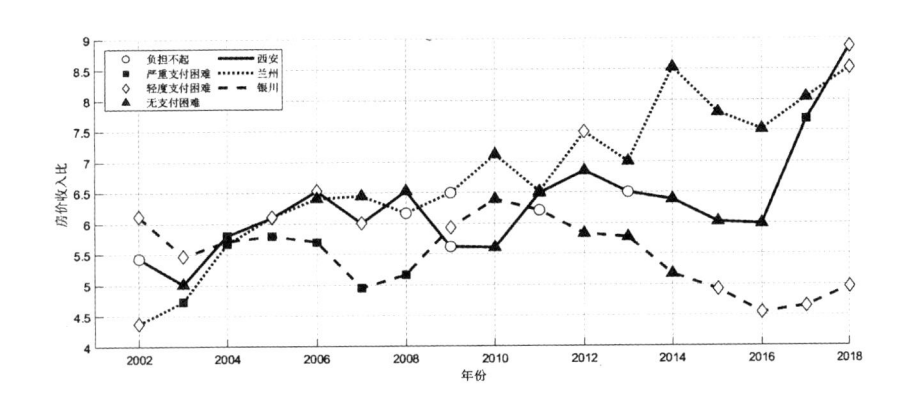

图4-32 5年预期房价增长率下2018年房价轻度支付困难城市

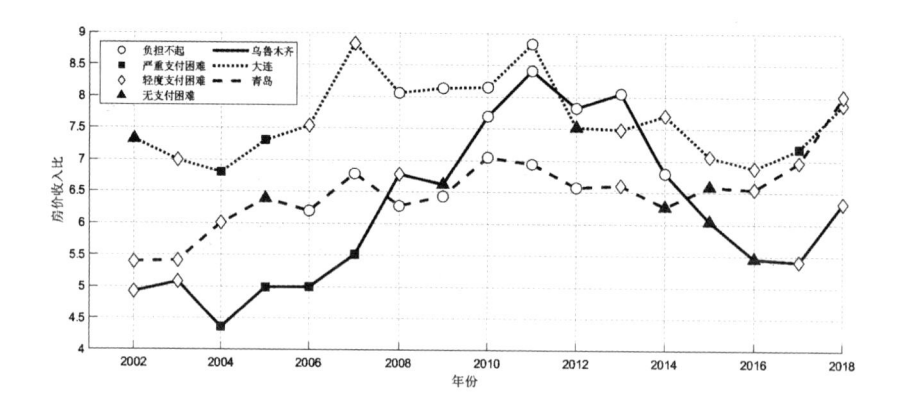

图 4-33　5 年预期房价增长率下 2018 年房价轻度支付困难城市

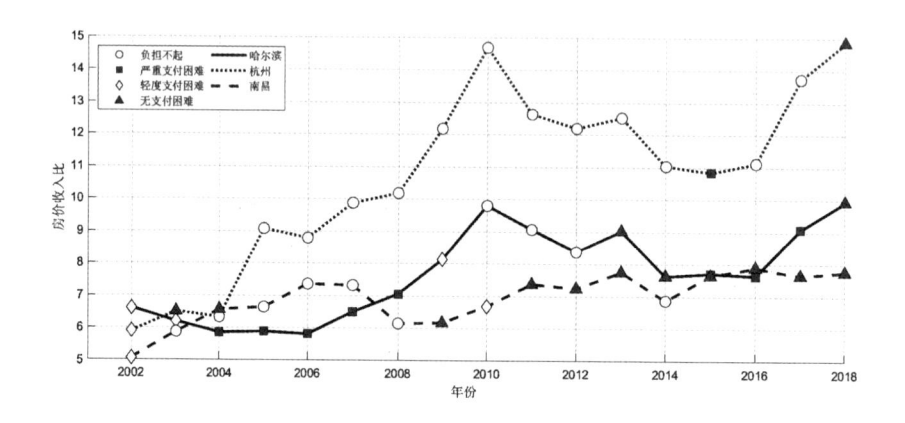

图 4-34　5 年预期房价增长率下 2018 年房价无支付困难城市

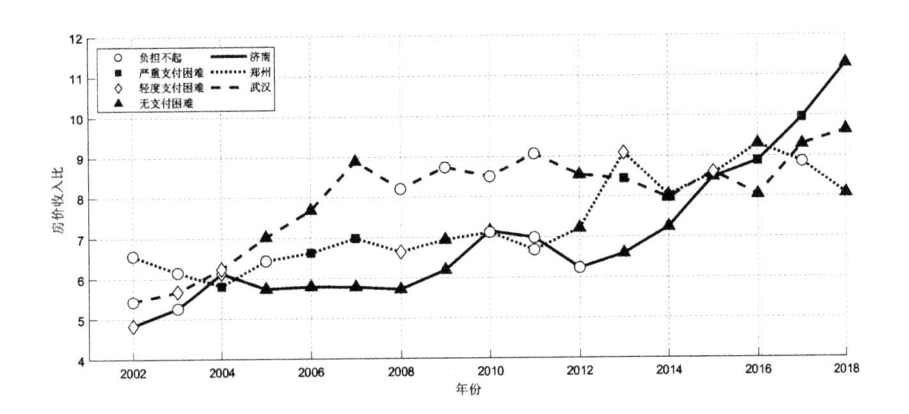

图 4-35　5 年预期房价增长率下 2018 年房价无支付困难城市

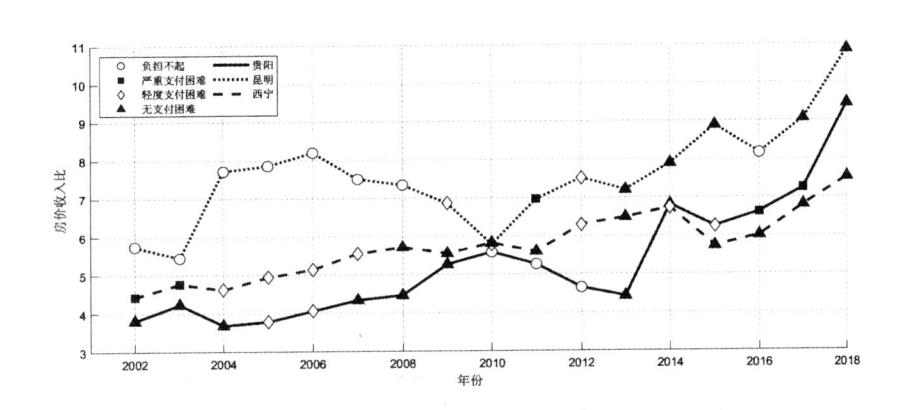

图 4-36　5 年预期房价增长率下 2018 年房价无支付困难城市

五　按城市等级划分的房价可支付指数分布

（一）理性预期下按城市等级划分的中国 35 个大中城市房价可支付指数分布

图 4-37 和图 4-38 显示，按照本书房价可支付标准，理性预期房价增长率下，中等收入者房价负担不起和严重支付困难问题主要存在于二线和三线城市，一线城市中等收入者房价支付困难程度低于二线和三线城市。图 4-39 至图 4-48 显示，北京是房改早期中等收入者房价严重支付困难的一线城市，深圳是近年来中等收入者房价负担不起的一线城市；沈阳和大连是房改早期中等收入者房价负担不起或严重支付困难的二线城市，杭州、合肥、厦门、武汉和宁波是近年来中等收入者房价负担不起的二线城市；哈尔滨和长春分别是房改早期中等收入者房价负担不起和严重支付困难的三线城市，太原是近年来中等收入者房价负担不起和严重支付困难的三线城市。

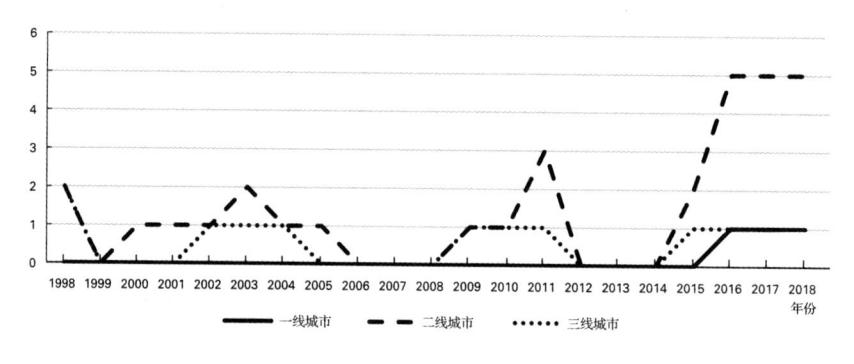

图 4-37　理性预期下按城市等级划分的负担不起城市分布

第四章 中国35个大中城市房价可支付指数及其分布 | 79

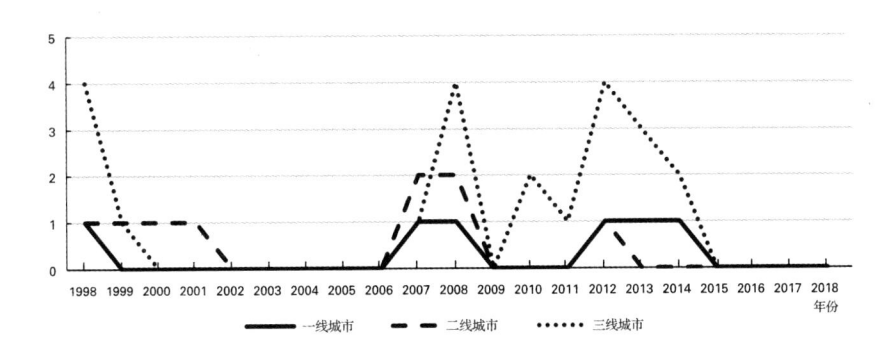

图4-38 理性预期下按城市等级划分的严重支付困难城市分布

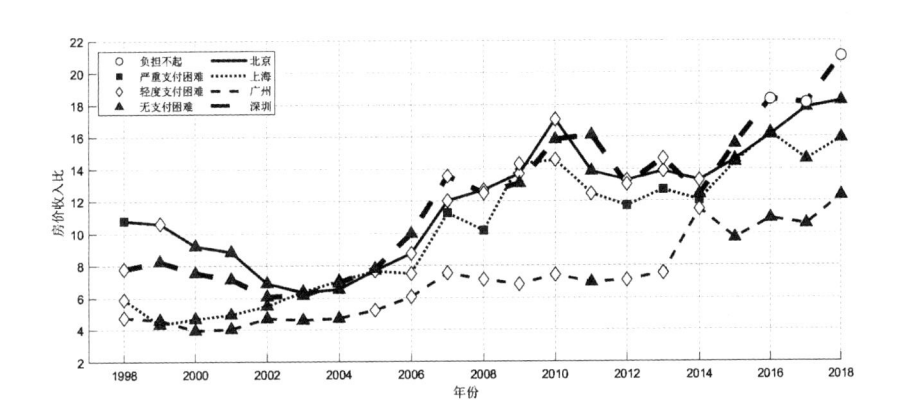

图4-39 理性预期下一线城市房价可支付指数分布

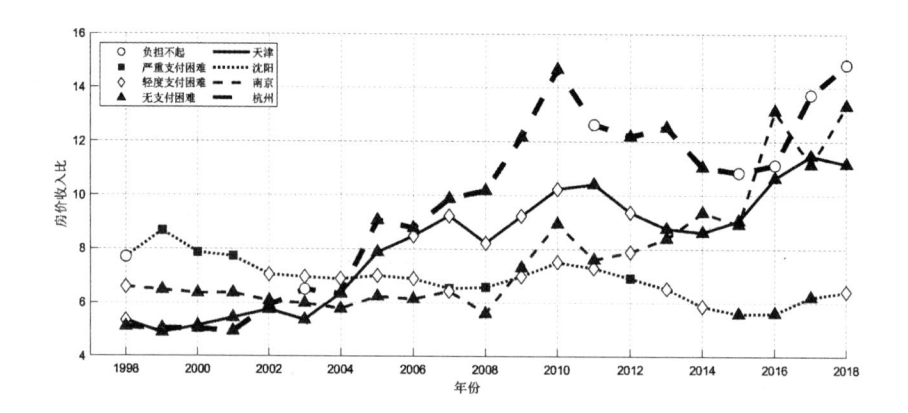

图 4-40　理性预期下二线城市房价可支付指数分布

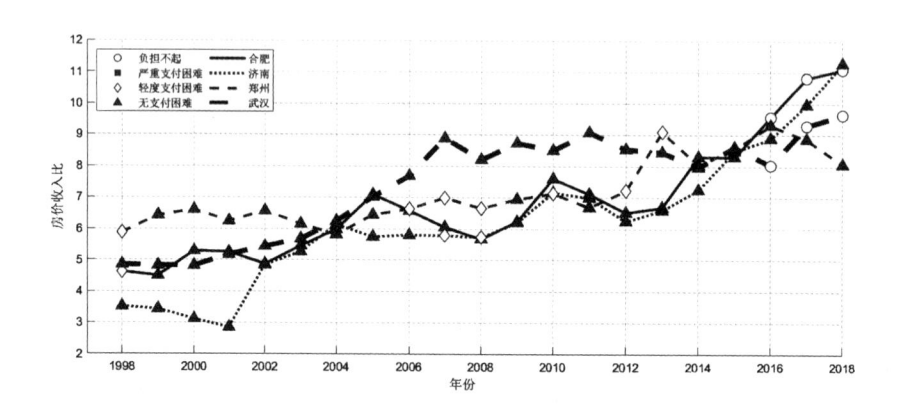

图 4-41　理性预期下二线城市房价可支付指数分布

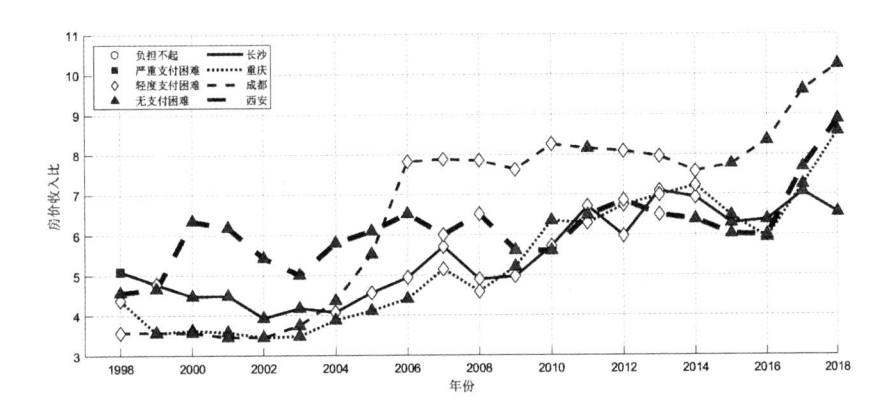

图 4-42 理性预期下二线城市房价可支付指数分布

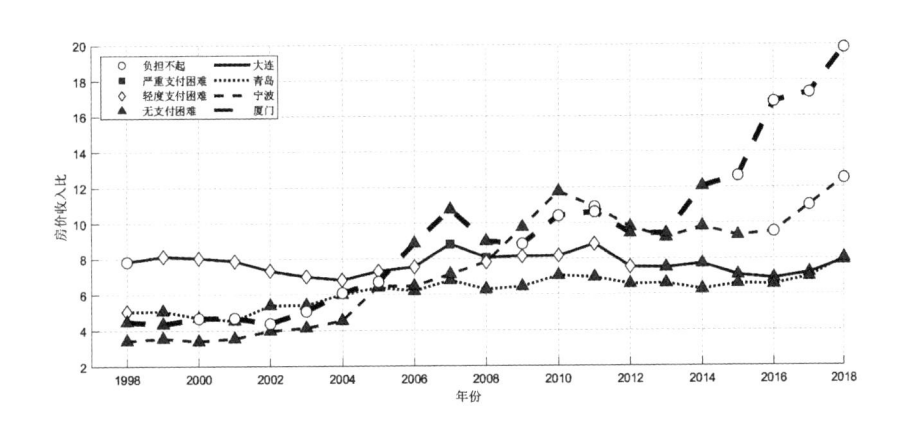

图 4-43 理性预期下二线城市房价可支付指数分布

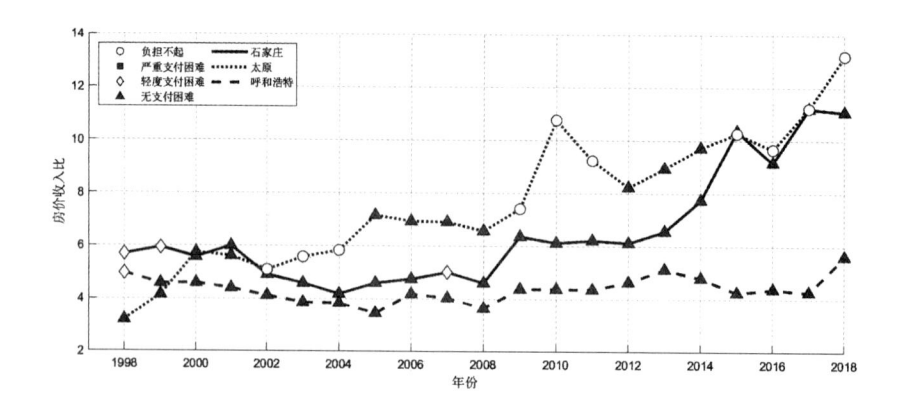

图4-44 理性预期下三线城市房价可支付指数分布

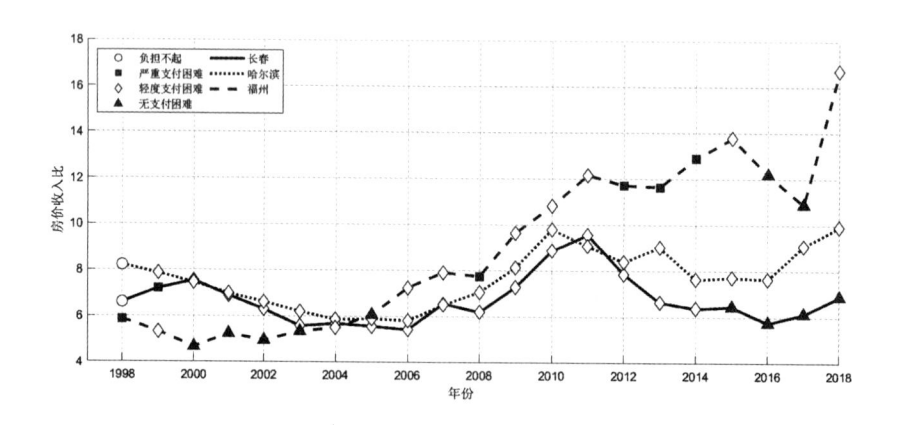

图4-45 理性预期下三线城市房价可支付指数分布

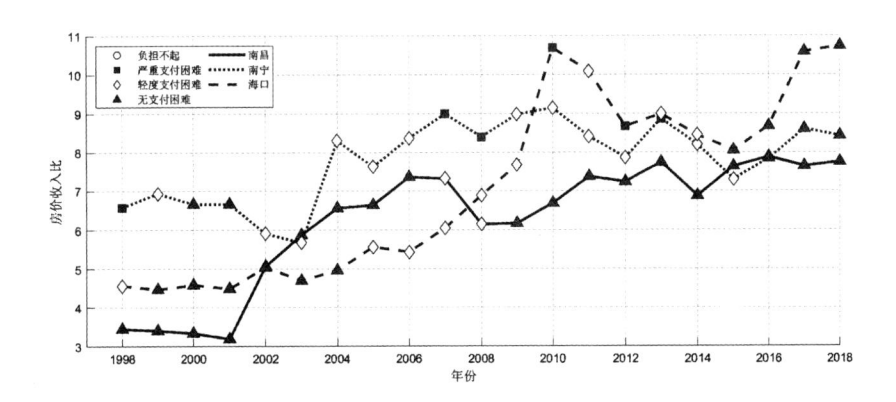

图 4-46 理性预期下三线城市房价可支付指数分布

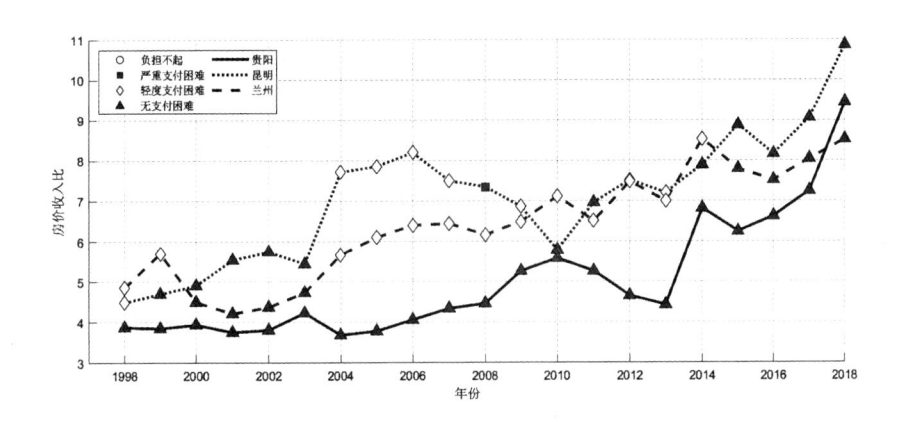

图 4-47 理性预期下三线城市房价可支付指数分布

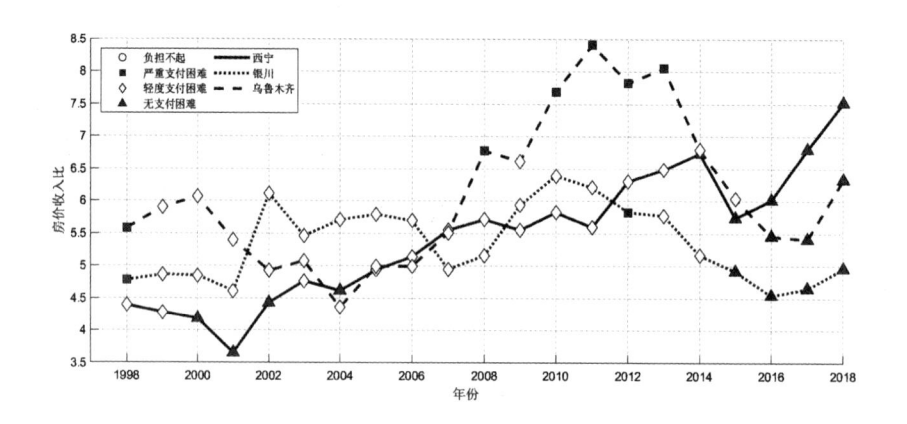

图 4-48　理性预期下三线城市房价可支付指数分布

(二) 非理性预期下按城市等级划分的中国 35 个大中城市房价可支付指数分布

1. 3 年预期房价增长率下 2000—2018 年按城市等级划分的中国 35 个大中城市房价可支付指数分布

图 4-49 和图 4-50 显示，按照本书房价可支付标准，3 年房价增长率移动平均下，一线城市中等收入者总体上负担不起房价，北京、上海和深圳长期为中等收入者房价负担不起的一线城市。2012—2016 年二线和三线城市中等收入者房价可支付性有所提高，房价负担不起城市数量减少，但 2016—2018 年二线和三线城市中等收入者房价可支付性降低，房价负担不起的城市数量增加。总体上讲，二线城市中等收入者房价支付困难程度高于三线城市。

图 4-51 至图 4-60 显示，2018 年，北京、上海、深圳为中等收入者房价负担不起的 3 个一线城市，天津、沈阳、南京、杭州、合肥、武汉、西安和厦门为中等收入者房价负担不起的 8 个二线城市，

大连为中等收入者房价严重支付困难的二线城市，石家庄、哈尔滨、福州、海口、贵阳和昆明为中等收入者房价负担不起的 6 个三线城市。

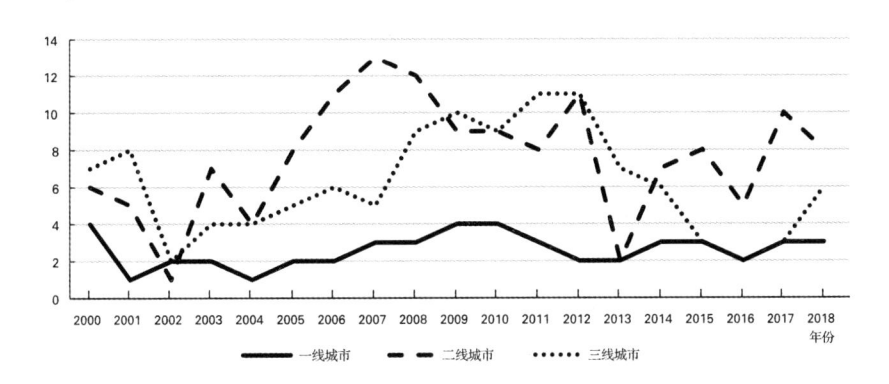

图 4-49　3 年预期房价增长率下按城市等级划分的负担不起城市分布

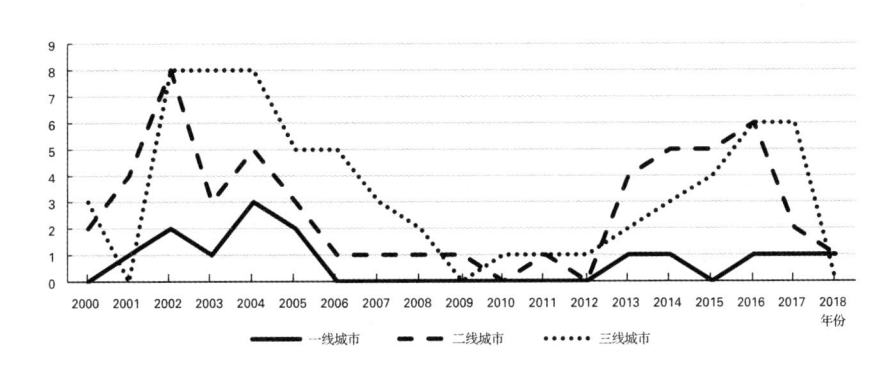

图 4-50　3 年预期房价增长率下按城市等级划分的严重支付困难城市分布

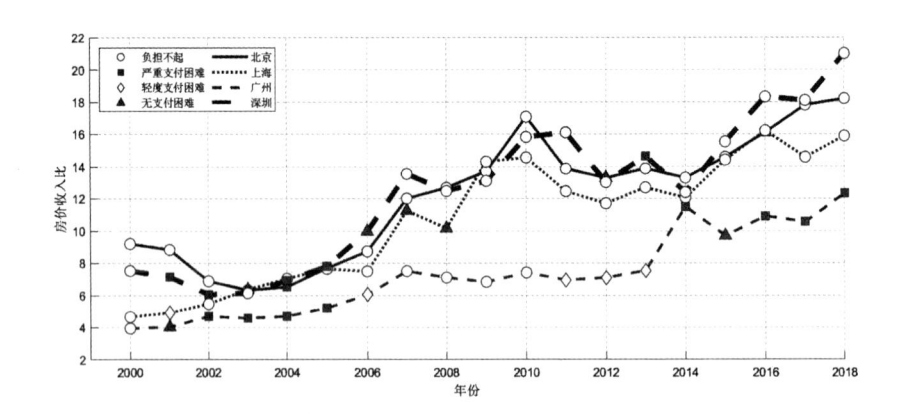

图 4-51　3 年预期房价增长率下一线城市房价可支付指数分布

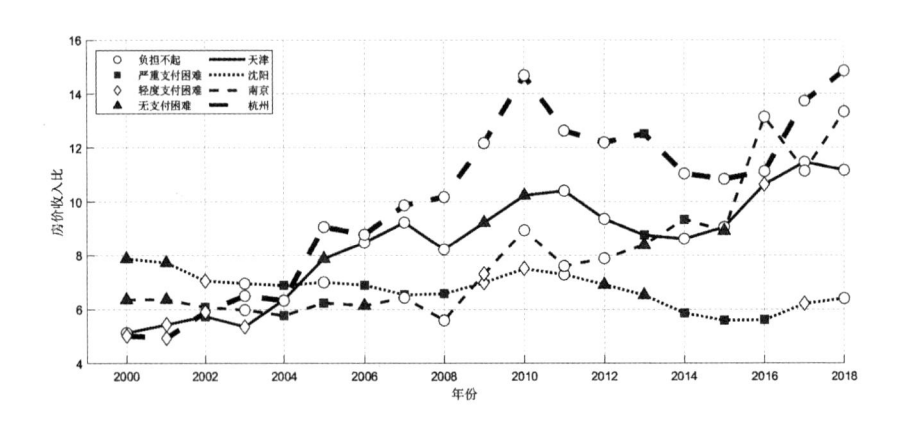

图 4-52　3 年预期房价增长率下二线城市房价可支付指数分布

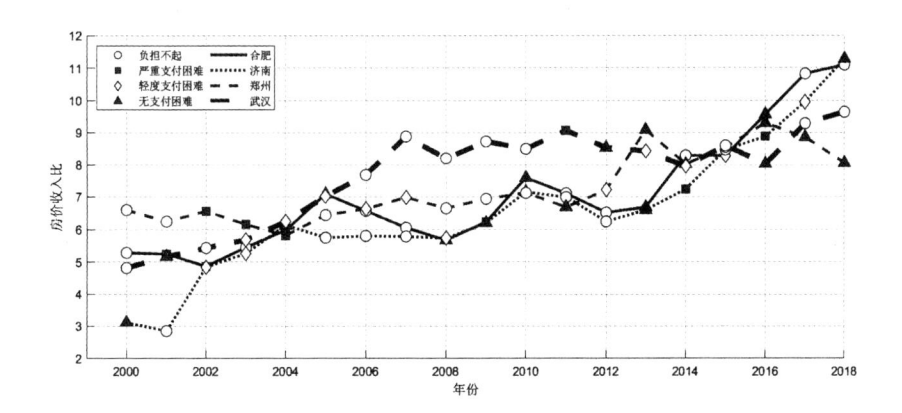

图 4-53　3 年预期房价增长率下二线城市房价可支付指数分布

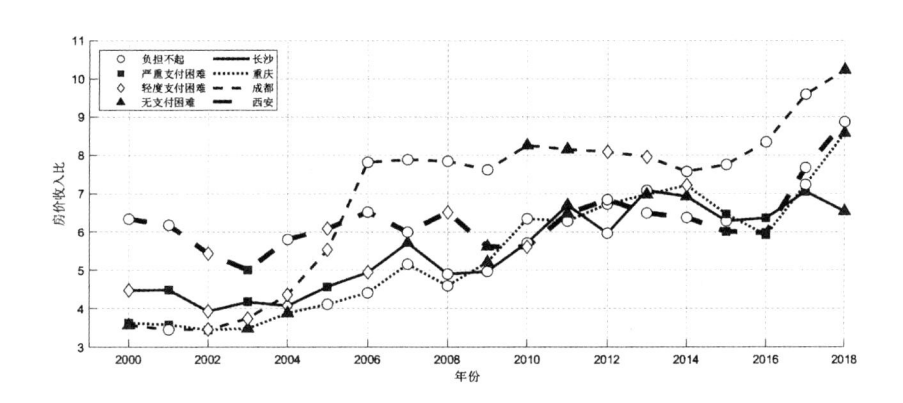

图 4-54　3 年预期房价增长率下二线城市房价可支付指数分布

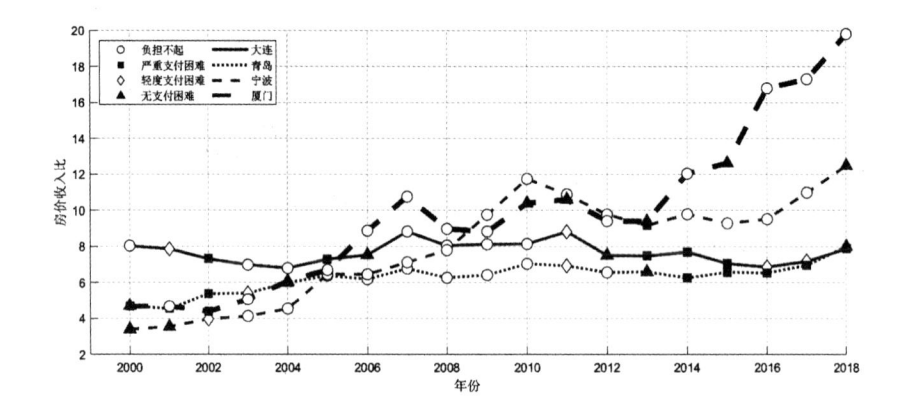

图4-55 3年预期房价增长率下二线城市房价可支付指数分布

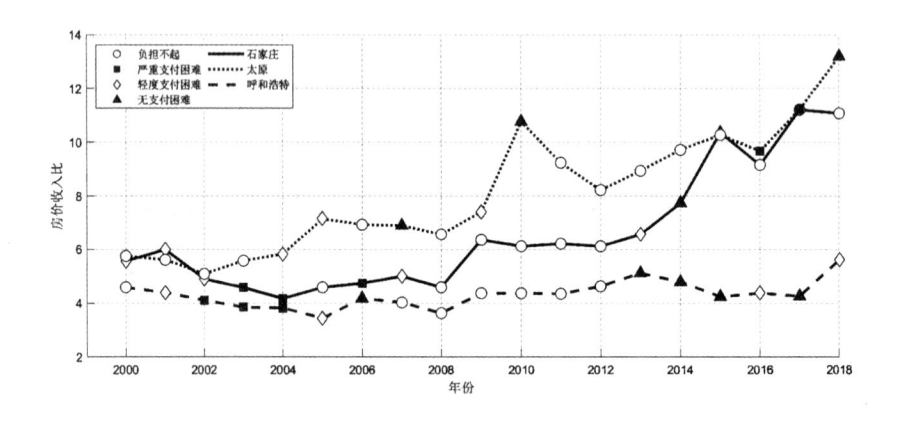

图4-56 3年预期房价增长率下三线城市房价可支付指数分布

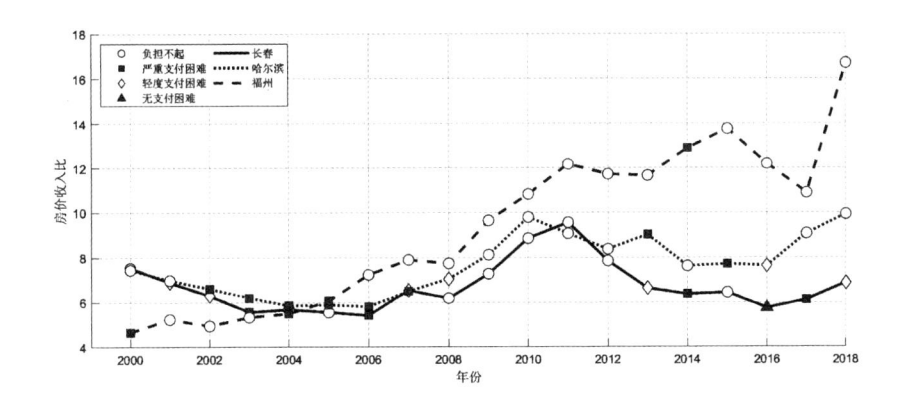

图 4-57　3 年预期房价增长率下三线城市房价可支付指数分布

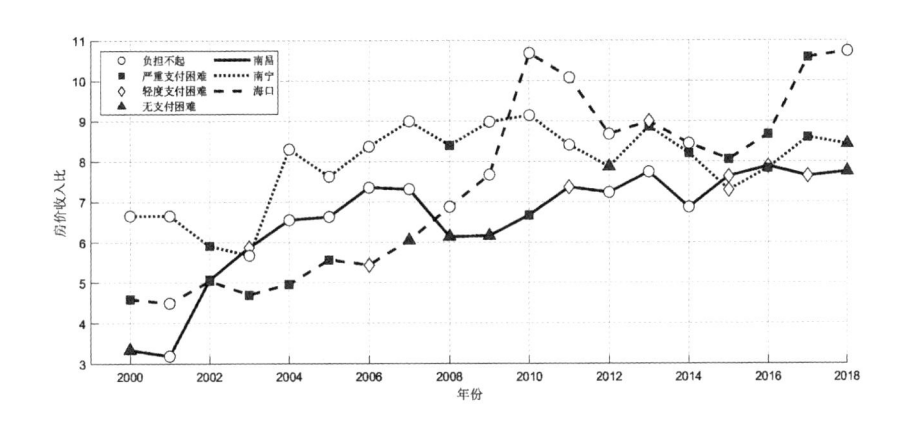

图 4-58　3 年预期房价增长率下三线城市房价可支付指数分布

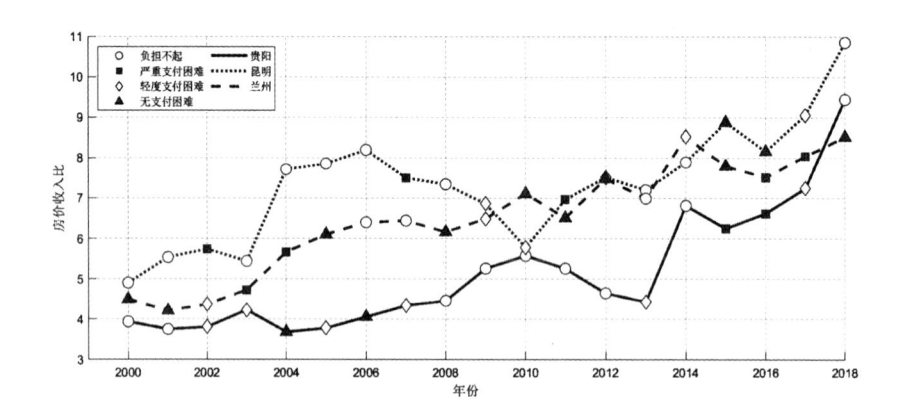

图 4-59　3 年预期房价增长率下三线城市房价可支付指数分布

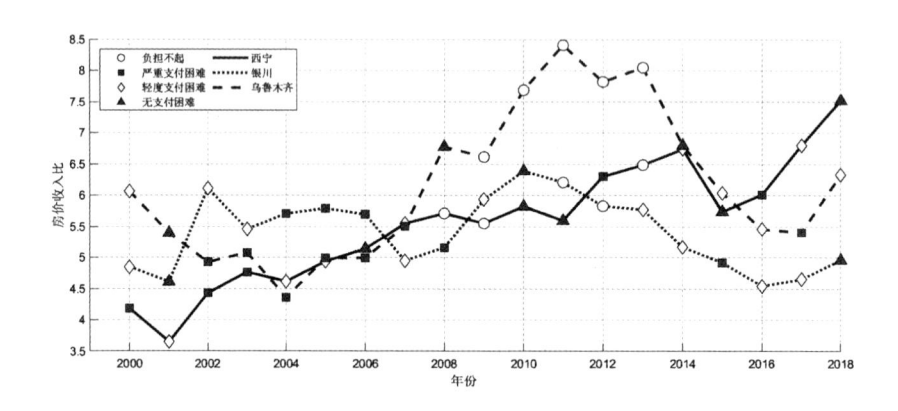

图 4-60　3 年预期房价增长率下三线城市房价可支付指数分布

2.5 年预期房价增长率下 2002—2018 年按城市等级划分的中国 35 个大中城市房价可支付指数分布

图 4-61 和图 4-62 显示，按照本书房价可支付标准，与 3 年房价增长率移动平均相似，5 年房价增长率移动平均下，北京、上海和深圳长期为中等收入者房价负担不起的城市。2011—2015 年，二线和三线城市中等收入者房价可支付性有所提高，房价负担不起的城市数量减少，但 2015—2018 年二线和三线城市中等收入者房价可支付性有所下降。总体上讲，二线城市中等收入者房价支付困难程度高于三线城市。

图 4-63 至图 4-72 显示，2018 年，北京、上海、深圳为中等收入者房价负担不起的 3 个一线城市，天津、南京、合肥、宁波和厦门为中等收入者房价负担不起的 5 个二线城市，成都为中等收入者房价严重支付困难的二线城市，石家庄、福州和海口为中等收入者房价负担不起的 3 个三线城市。

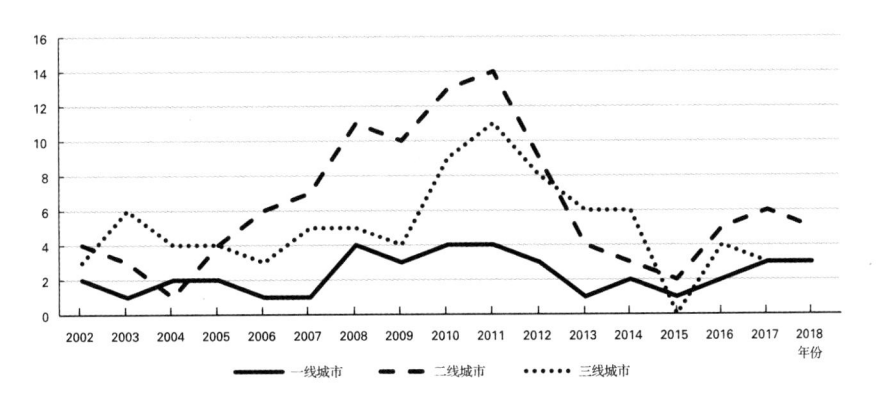

图 4-61 5 年预期房价增长率下按城市等级划分的负担不起城市分布

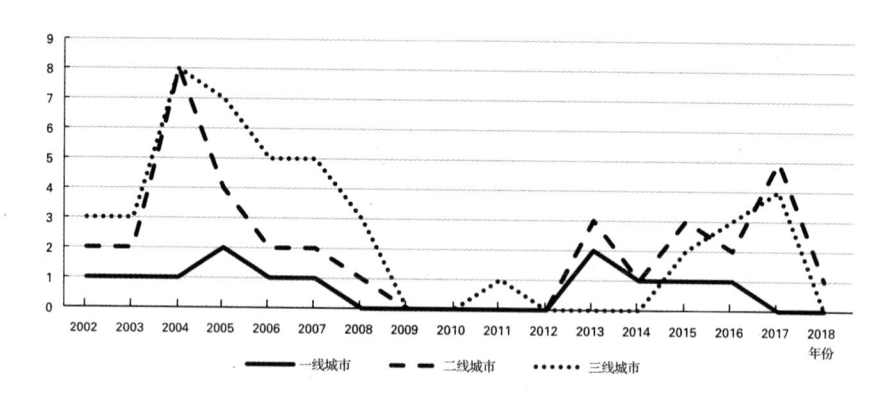

图4-62 5年预期房价增长率下按城市等级划分的严重支付困难城市分布

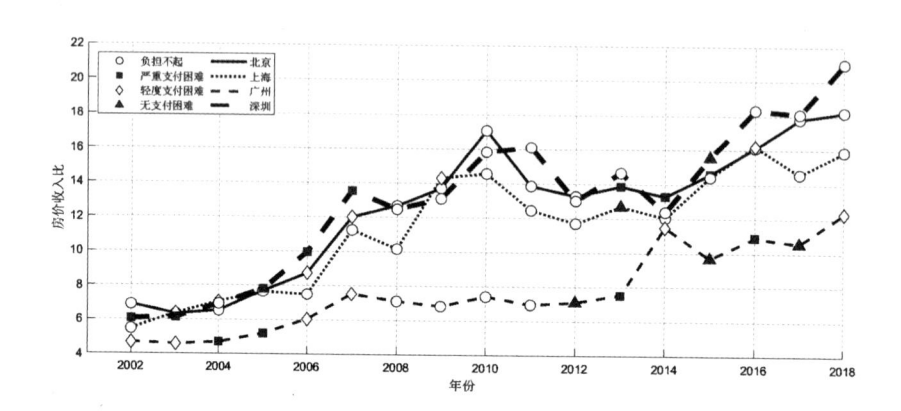

图4-63 5年预期房价增长率下一线城市房价可支付指数分布

第四章 中国35个大中城市房价可支付指数及其分布

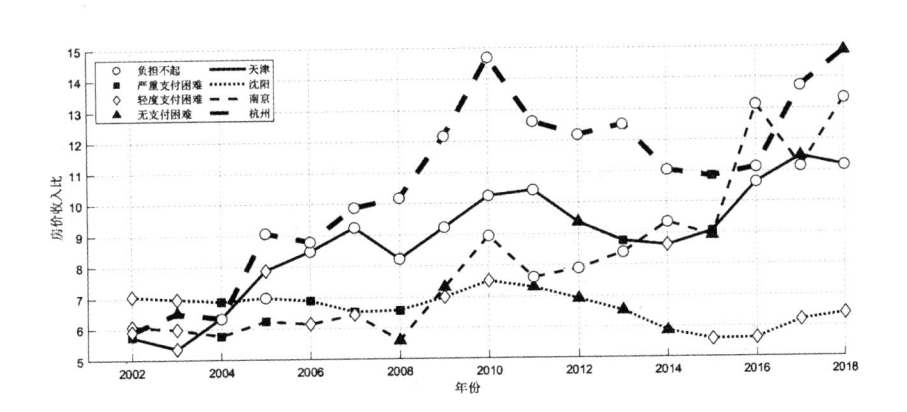

图 4-64　5 年预期房价增长率下二线城市房价可支付指数分布

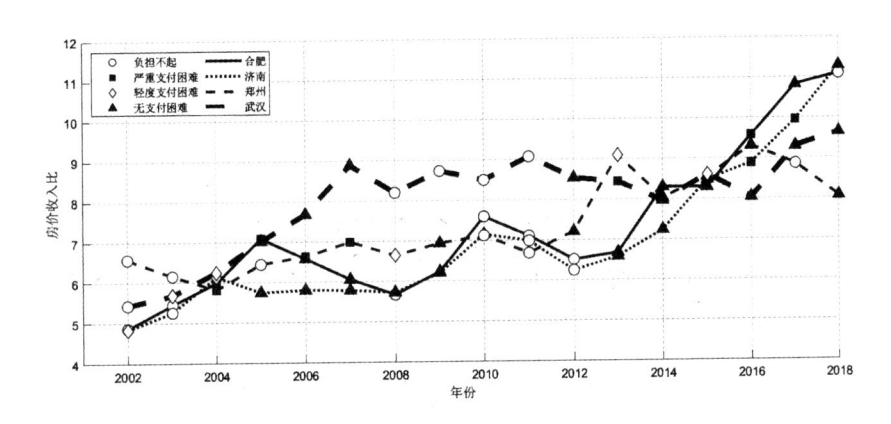

图 4-65　5 年预期房价增长率下二线城市房价可支付指数分布

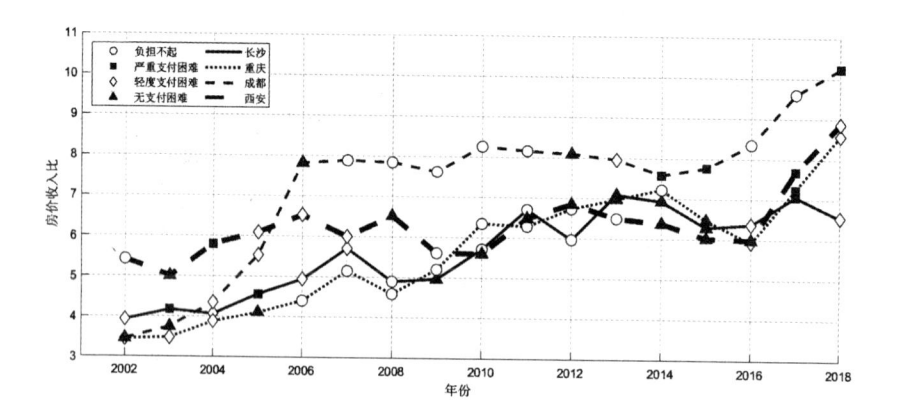

图4-66　5年预期房价增长率下二线城市房价可支付指数分布

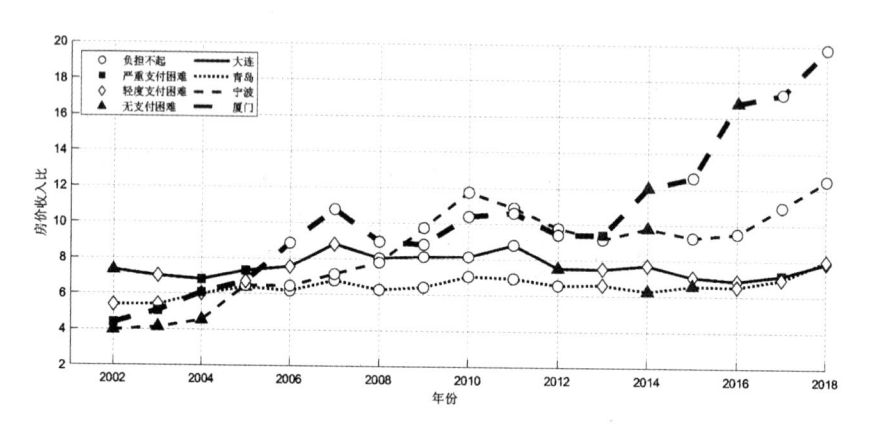

图4-67　5年预期房价增长率下二线城市房价可支付指数分布

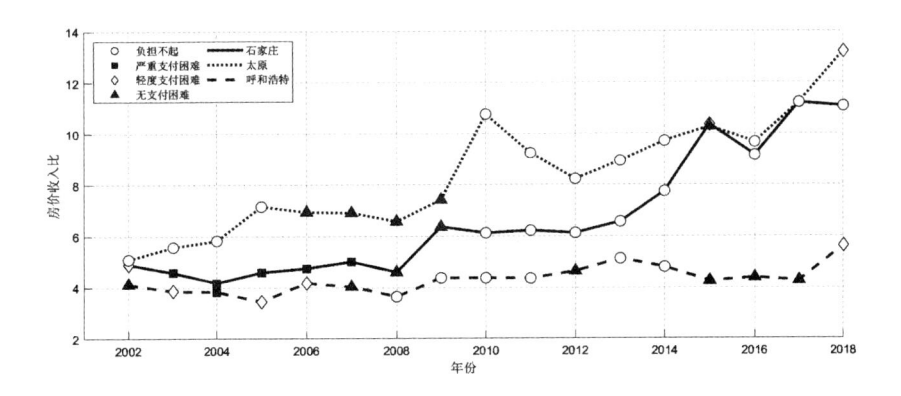

图 4-68　5 年预期房价增长率下三线城市房价可支付指数分布

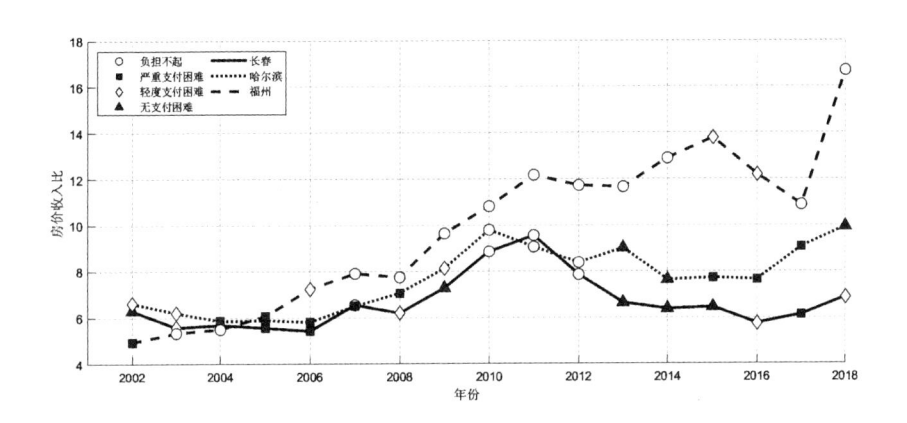

图 4-69　5 年预期房价增长率下三线城市房价可支付指数分布

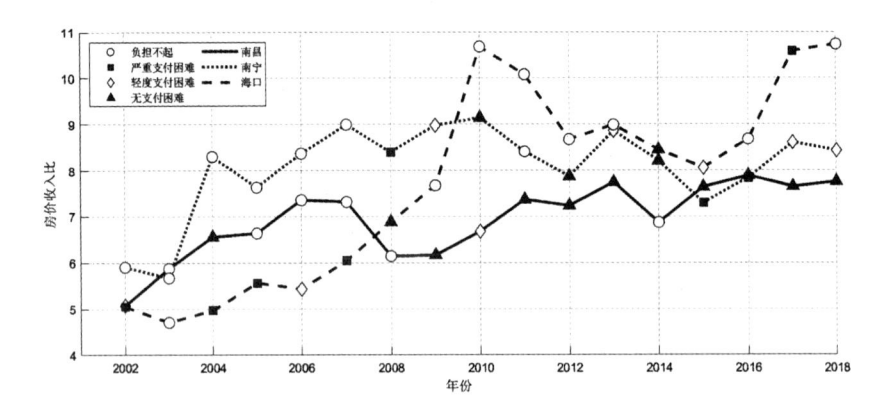

图 4-70　5 年预期房价增长率下三线城市房价可支付指数分布

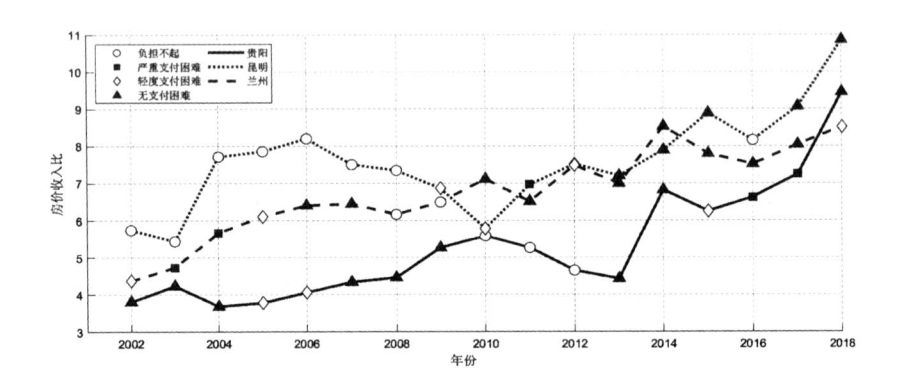

图 4-71　5 年预期房价增长率下三线城市房价可支付指数分布

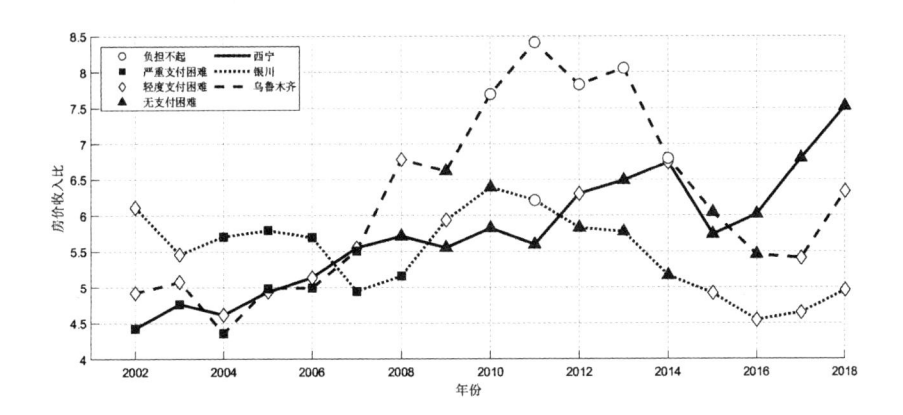

图 4-72　5 年预期房价增长率下三线城市房价可支付指数分布

六　按区域划分的房价可支付指数分布

(一) 理性预期下按区域划分的中国 35 个大中城市房价可支付指数分布

图 4-73 和图 4-74 显示，按照本书房价可支付标准，理性预期下，东部城市中等收入者房价支付困难程度最高，中部城市次之，西部城市最低。图 4-84、图 4-85、图 4-96 和图 4-97 显示，非理性预期（过去 3 年和过去 5 年房价增长率移动平均）下，东部城市中等收入者房价支付困难程度高于中部和西部城市。

图 4-75 至图 4-83 显示，理性预期下，2018 年，杭州、宁波、厦门和深圳为中等收入者房价负担不起的东部城市，太原、合肥和武汉为中等收入者房价负担不起的中部城市。

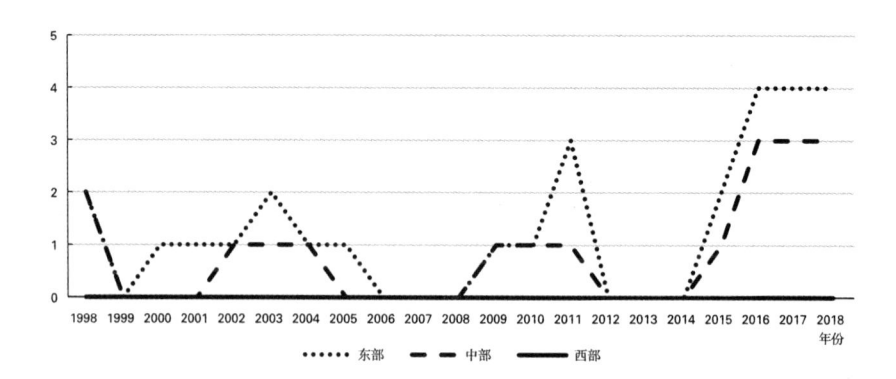

图 4-73 理性预期下按区域划分的负担不起城市分布

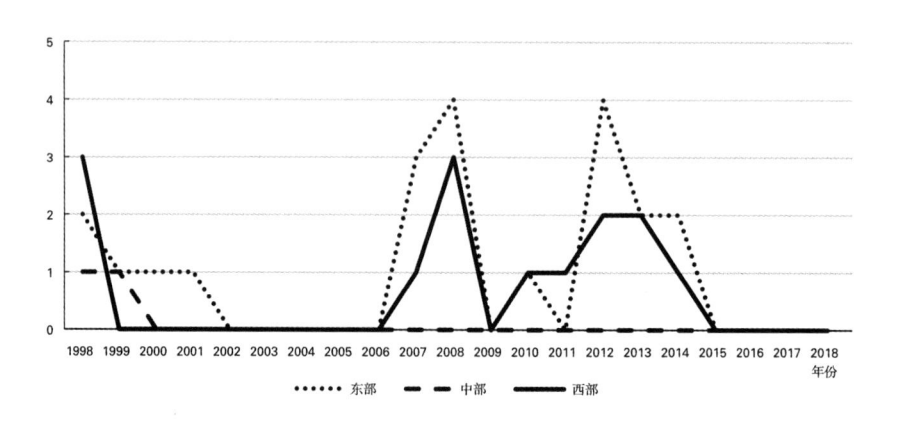

图 4-74 理性预期下按区域划分的严重支付困难城市分布

第四章 中国35个大中城市房价可支付指数及其分布

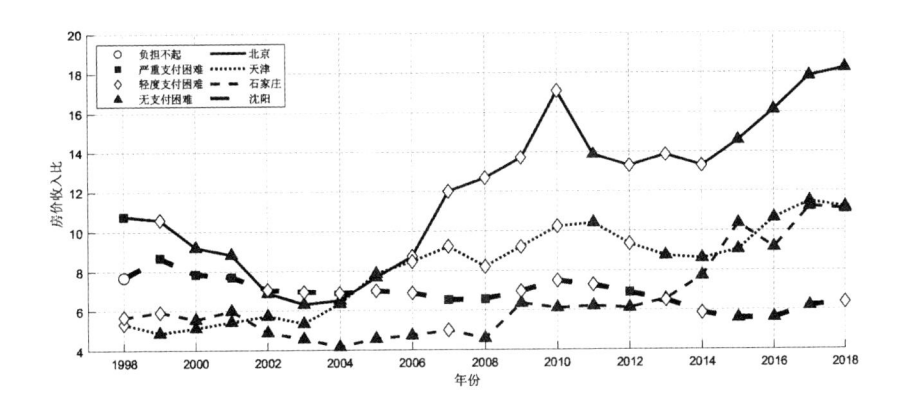

图4-75 理性预期下东部城市房价可支付指数分布

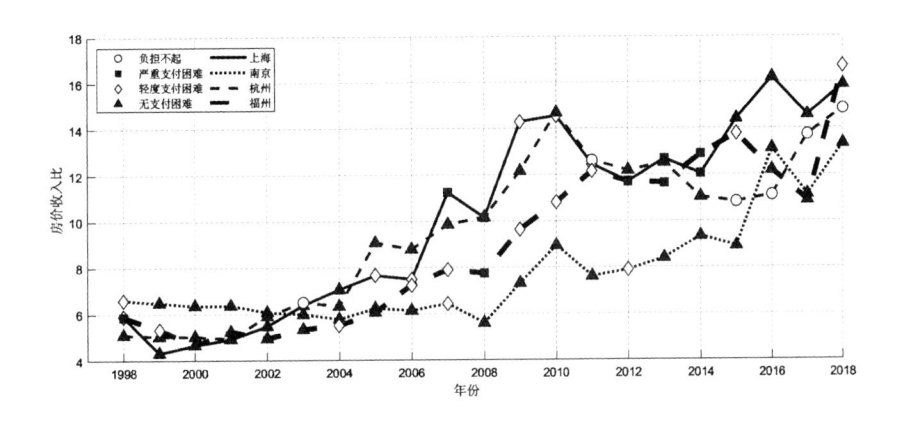

图4-76 理性预期下东部城市房价可支付指数分布

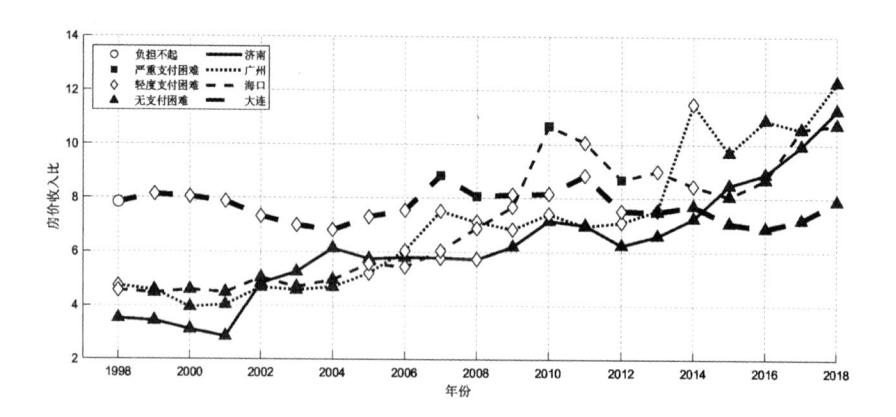

图 4-77　理性预期下东部城市房价可支付指数分布

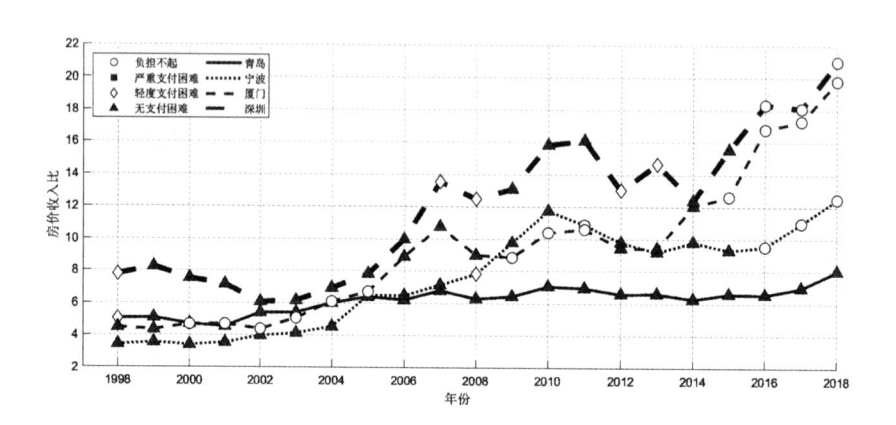

图 4-78　理性预期下东部城市房价可支付指数分布

第四章 中国 35 个大中城市房价可支付指数及其分布 **101**

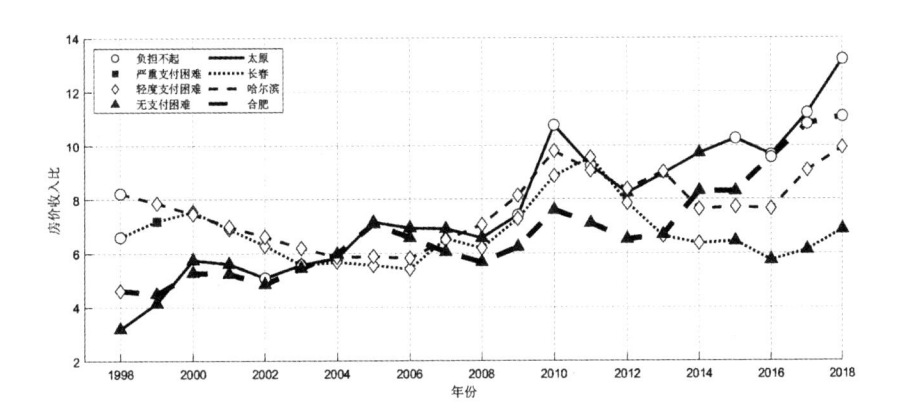

图 4-79 理性预期下中部城市房价可支付指数分布

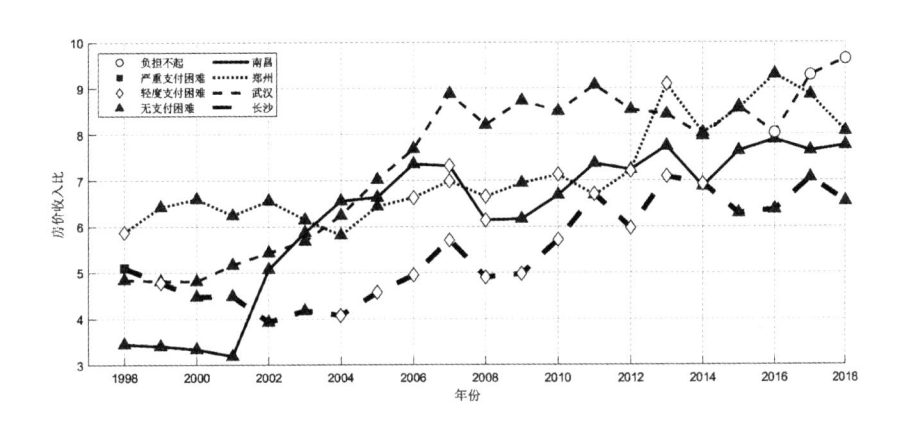

图 4-80 理性预期下中部城市房价可支付指数分布

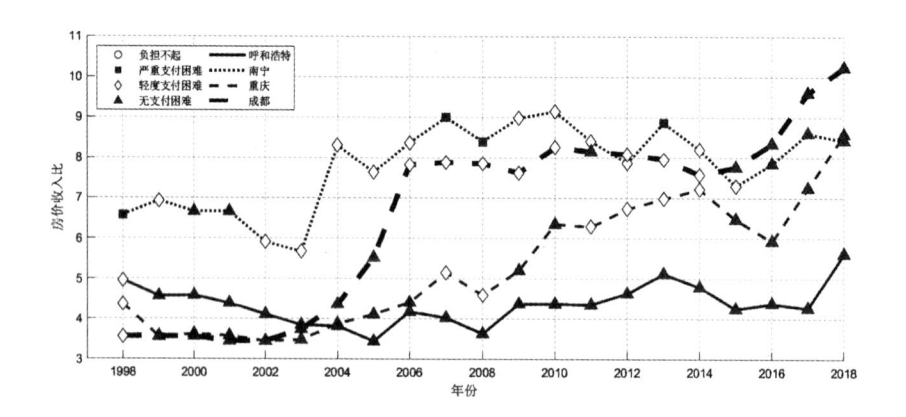

图 4-81　理性预期下西部城市房价可支付指数分布

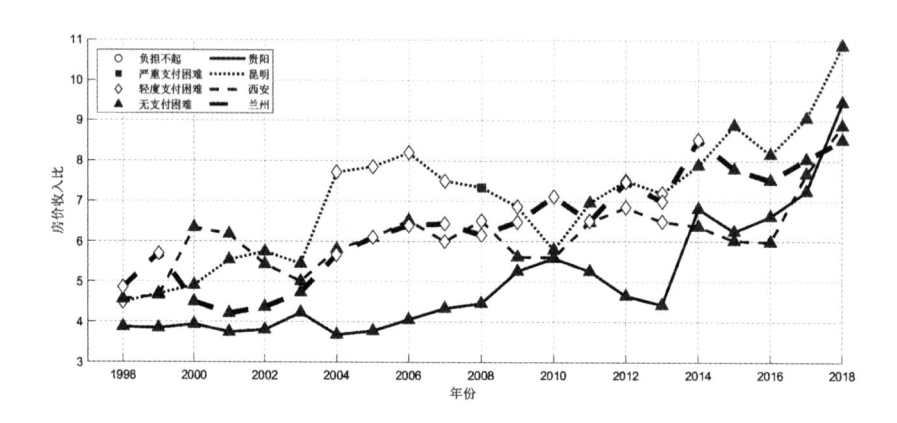

图 4-82　理性预期下西部城市房价可支付指数分布

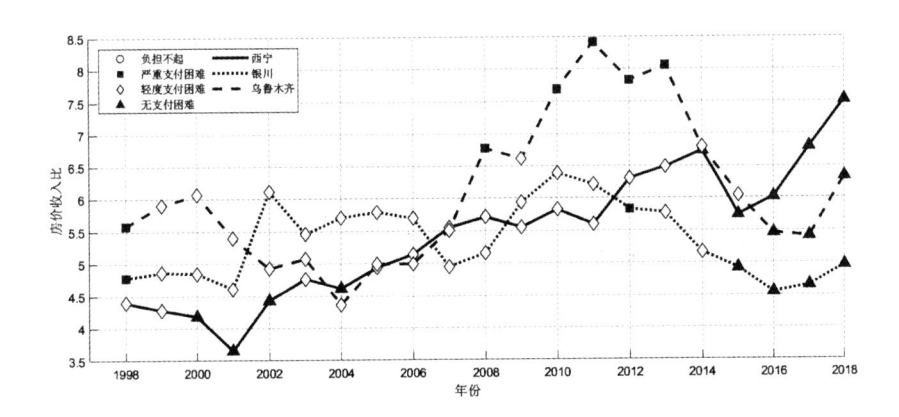

图 4-83 理性预期下西部城市房价可支付指数分布

(二) 非理性预期下按区域划分的中国 35 个大中城市房价可支付指数分布

1. 3 年预期房价增长率下 2000—2018 年按区域划分的中国 35 个大中城市房价可支付指数分布

图 4-84 至图 4-94 显示，按照本书房价可支付标准，3 年房价增长率移动平均下，2018 年，北京、天津、石家庄、沈阳、上海、南京、杭州、福州、海口、厦门和深圳为中等收入者房价负担不起的 11 个东部城市，广州和大连为中等收入者房价严重支付困难的 2 个东部城市，哈尔滨、合肥和武汉为中等收入者房价负担不起的 3 个中部城市，贵阳、昆明和西安为中等收入者房价负担不起的 3 个西部城市。

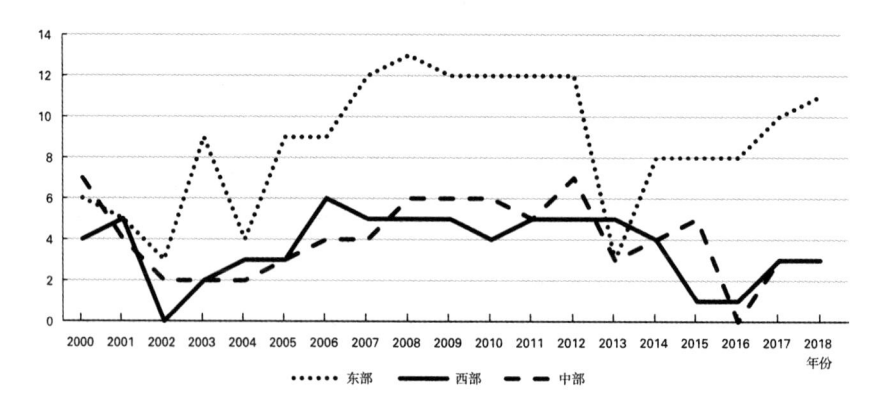

图 4-84　3 年预期房价增长率下按区域划分的负担不起城市分布

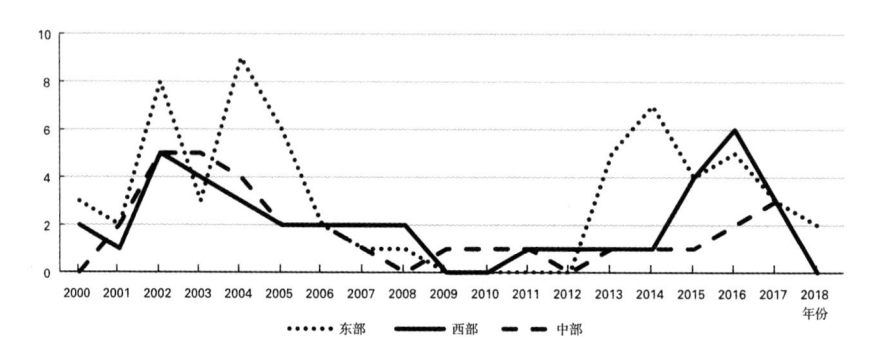

图 4-85　3 年预期房价增长率下按区域划分的严重支付困难城市分布

第四章 中国 35 个大中城市房价可支付指数及其分布

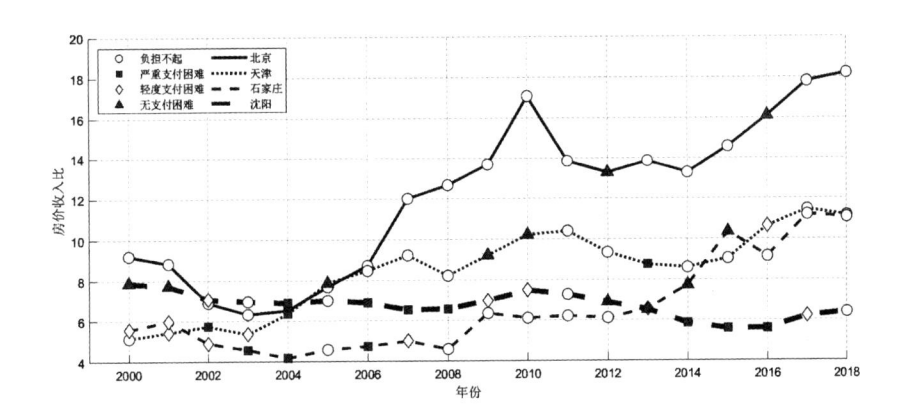

图 4-86　3 年预期房价增长率下东部城市房价可支付指数分布

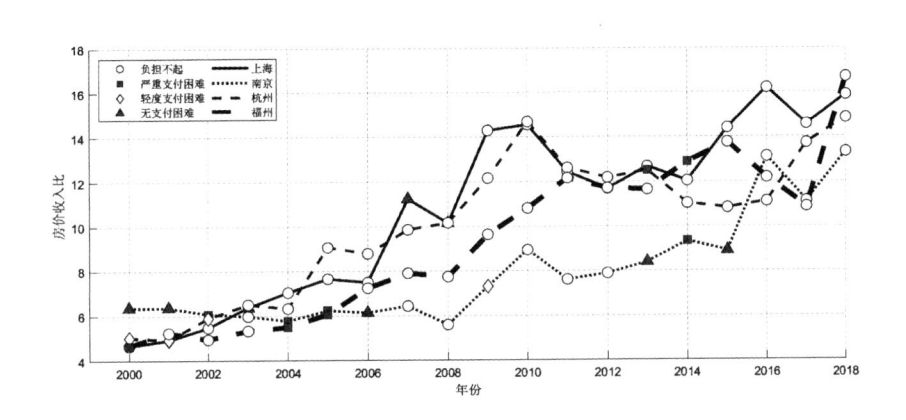

图 4-87　3 年预期房价增长率下东部城市房价可支付指数分布

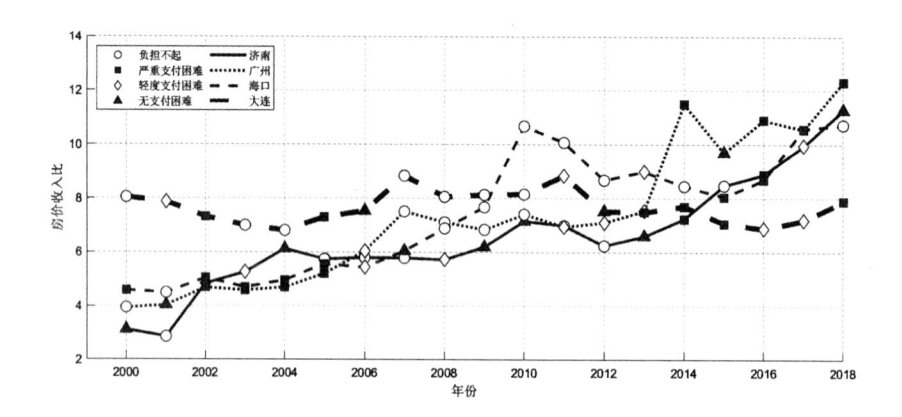

图 4-88　3 年预期房价增长率下东部城市房价可支付指数分布

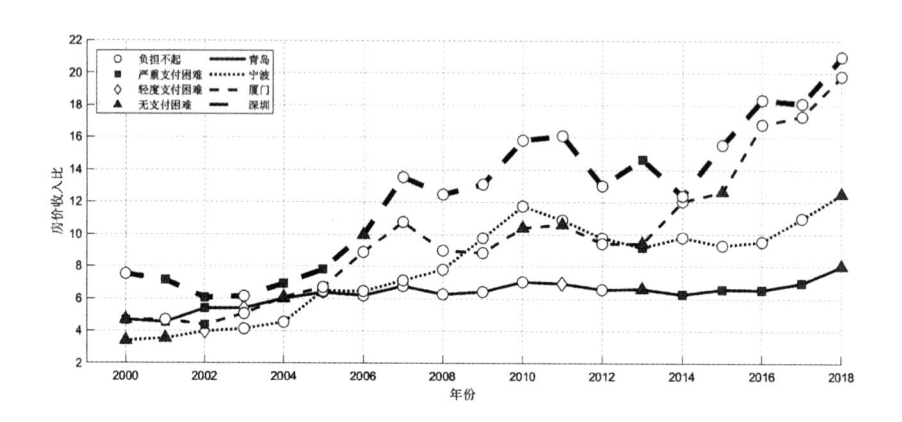

图 4-89　3 年预期房价增长率下东部城市房价可支付指数分布

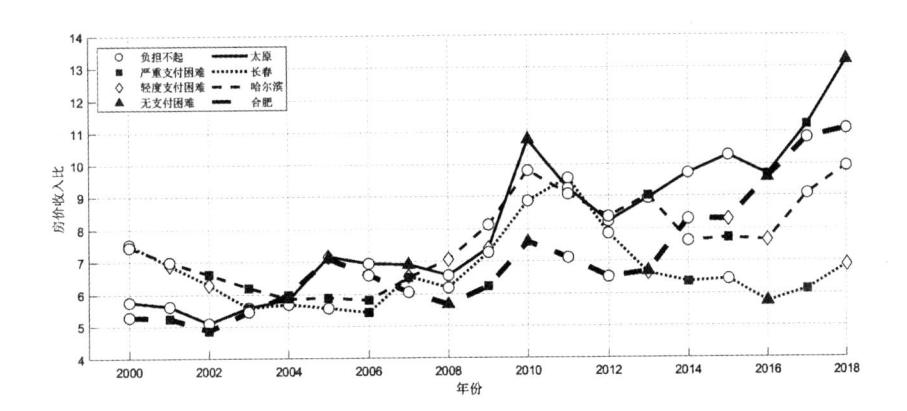

图 4-90　3 年预期房价增长率下中部城市房价可支付指数分布

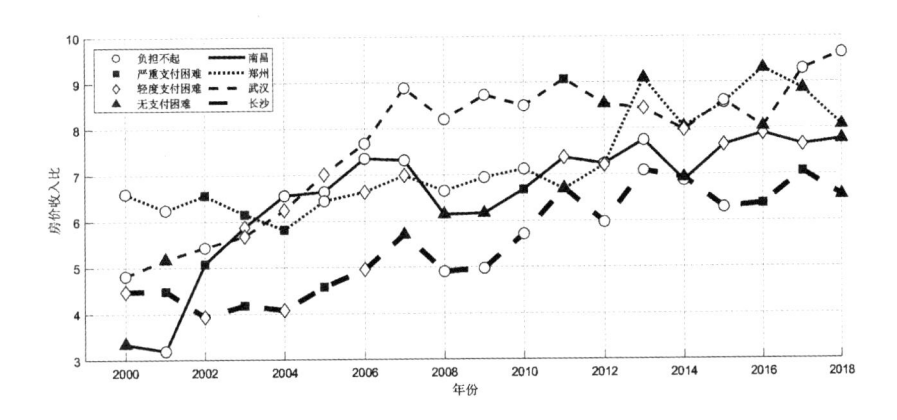

图 4-91　3 年预期房价增长率下中部城市房价可支付指数分布

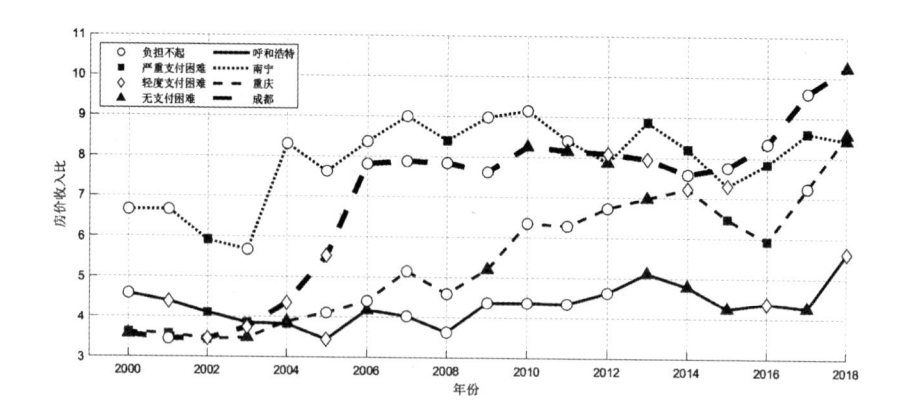

图 4-92　3 年预期房价增长率下西部城市房价可支付指数分布

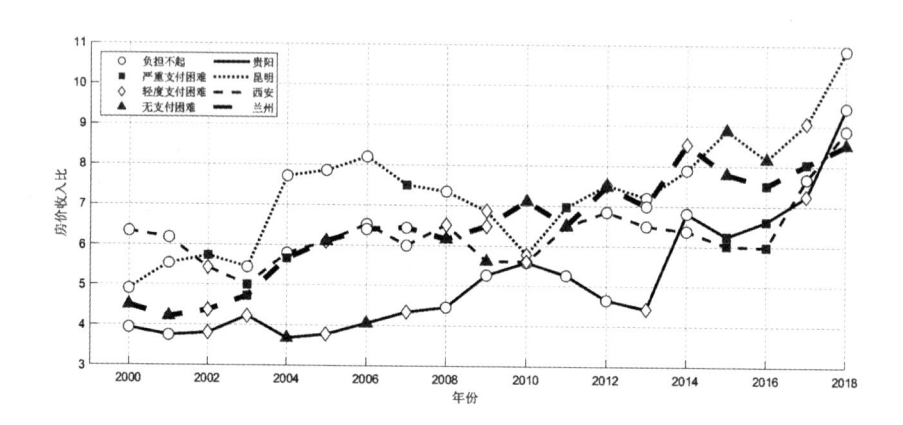

图 4-93　3 年预期房价增长率下西部城市房价可支付指数分布

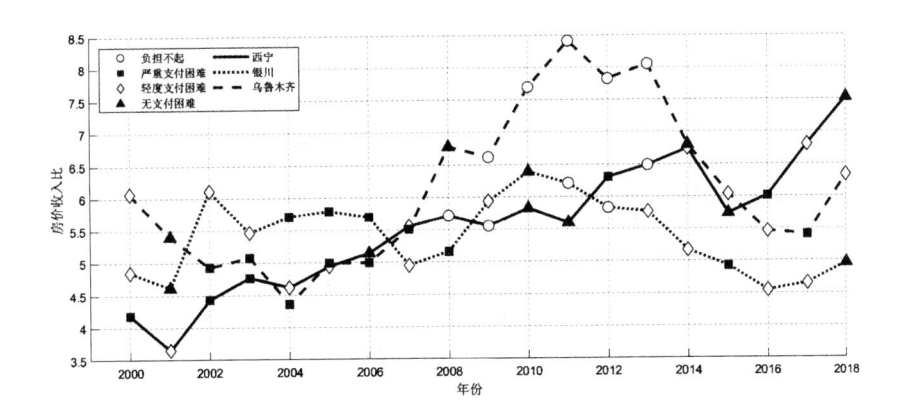

图4-94 3年预期房价增长率下西部城市房价可支付指数分布

2. 5年预期房价增长率下2002—2018年按区域划分的中国35个大中城市房价可支付指数分布

图4-95至图4-105显示，按照本书房价可支付标准，5年房价增长率移动平均下，2018年，北京、天津、石家庄、上海、南京、福州、海口、宁波、厦门和深圳为中等收入者房价负担不起的10个东部城市，合肥为中等收入者房价负担不起的中部城市，成都为中等收入者严重支付困难的西部城市。

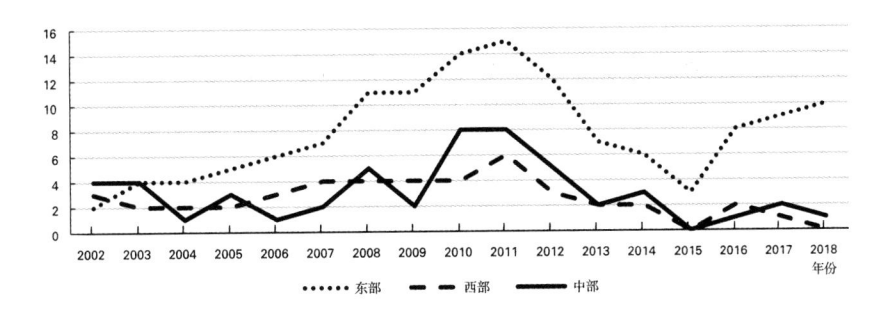

图4-95 5年预期房价增长率下按区域划分的负担不起城市分布

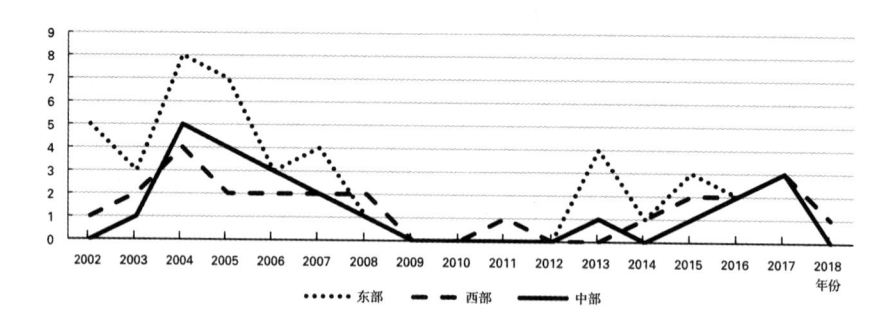

图4-96　5年预期房价增长率下按区域划分的严重支付困难城市分布

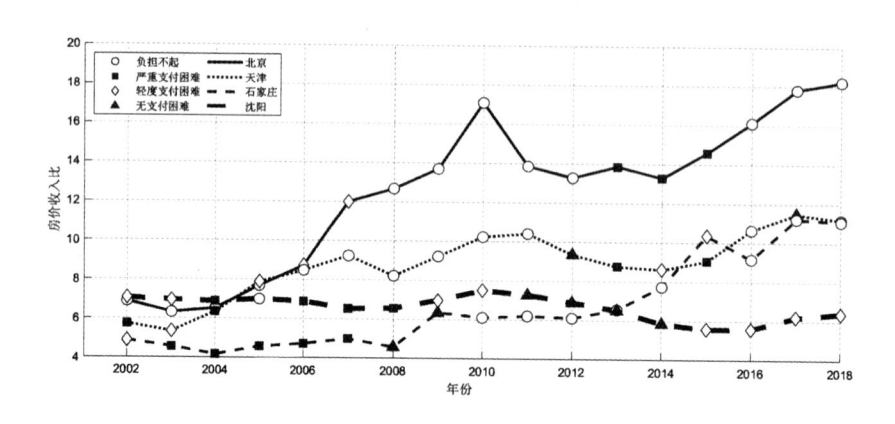

图4-97　5年预期房价增长率下东部城市房价可支付指数分布

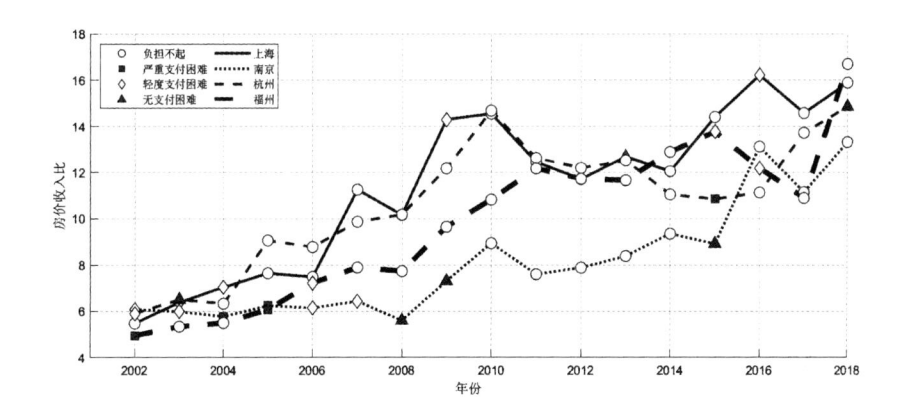

图4-98 5年预期房价增长率下东部城市房价可支付指数分布

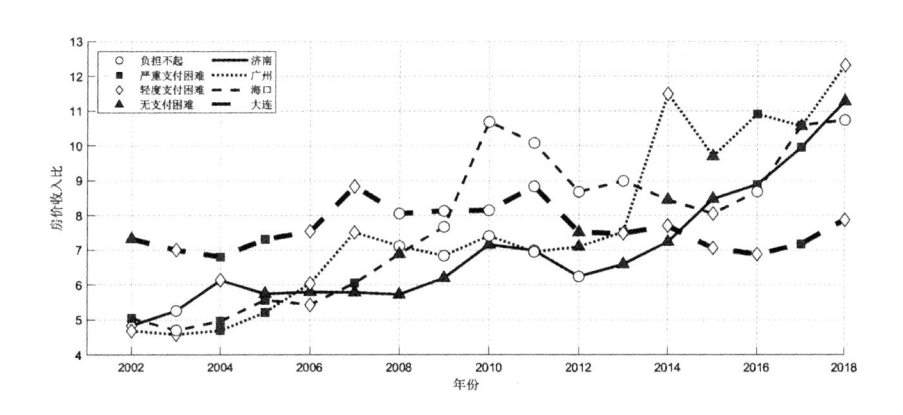

图4-99 5年预期房价增长率下东部城市房价可支付指数分布

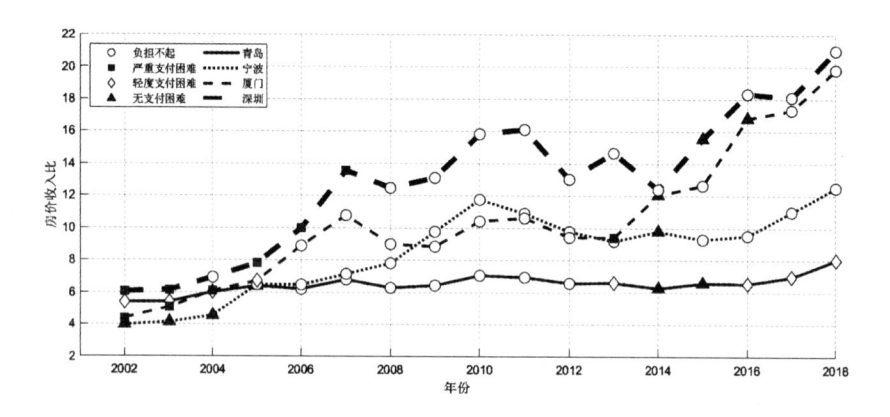

图 4 – 100　5 年预期房价增长率下东部城市房价可支付指数分布

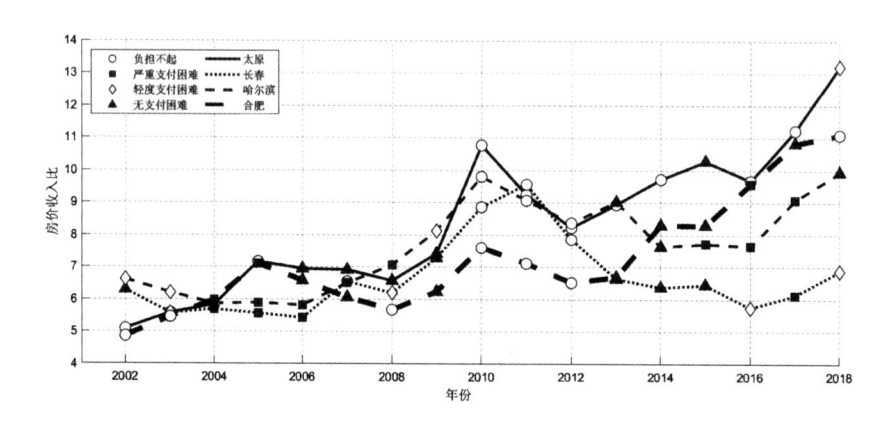

图 4 – 101　5 年预期房价增长率下中部城市房价可支付指数分布

第四章 中国35个大中城市房价可支付指数及其分布 | **113**

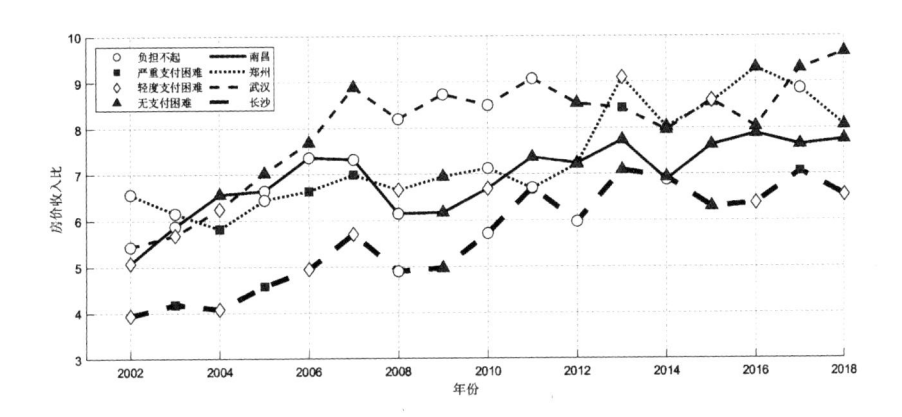

图4-102 5年预期房价增长率下中部城市房价可支付指数分布

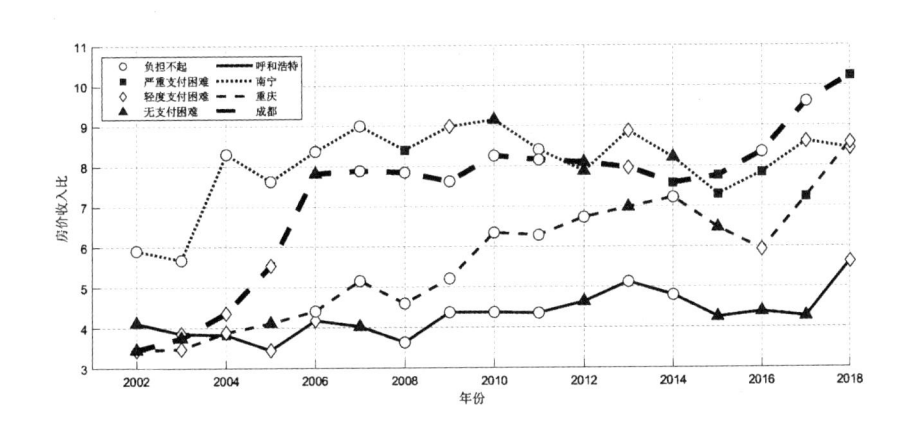

图4-103 5年预期房价增长率下西部城市房价可支付指数分布

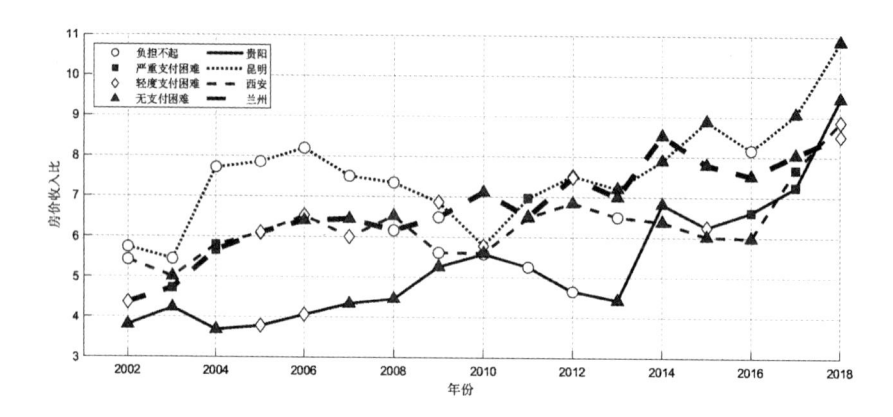

图 4-104　5 年预期房价增长率下西部城市房价可支付指数分布

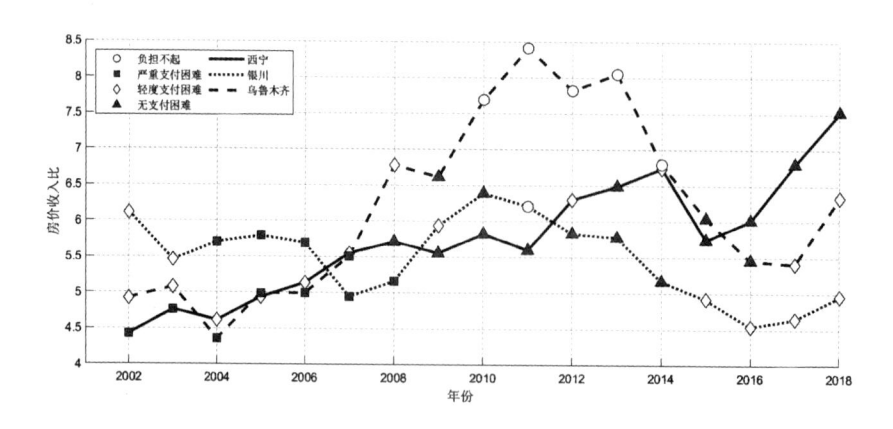

图 4-105　5 年预期房价增长率下西部城市房价可支付指数分布

七 1998—2018 年中国 35 个大中城市房价可支付指数排序

（一）理性预期下中国 35 个大中城市房价可支付指数排序

表 4-2 至表 4-4 显示，理性预期下，按照本书房价可支付标准，中国 35 个大中城市房价可支付指数排序中，1998—2001 年，沈阳中等收入者房价可支付性始终位列前二，哈尔滨、大连和长春中等收入者房价可支付指数位列前五，乌鲁木齐、南宁、银川和北京中等收入者房价可支付指数位居前列。2002—2004 年，厦门中等收入者房价可支付指数排序升至首位，太原、沈阳和银川也位居前列。2005—2006 年，沈阳、银川、昆明和南宁中等收入者房价可支付指数位列前五。2009—2011 年，厦门和太原中等收入者房价可支付指数排序升至前两位，福州和乌鲁木齐中等收入者房价可支付指数排序升至前列，上海和沈阳中等收入者房价可支付指数排序有所下降，但仍位居前列。2012—2014 年，福州和上海中等收入者房价可支付指数排序升至前两位。2015—2018 年，厦门中等收入者房价可支付指数排序升至首位，太原和杭州中等收入者房价可支付指数排序升至前三。2018 年，厦门、太原、杭州、宁波和武汉中等收入者房价可支付性位居前五，住房使用成本为负，表明预期房价增长率大，房价收入比高，在融资约束和流动性约束下，中等收入者负担不起房价。

表4-2　　理性预期下1998—2018年中国35个大中城市房价可支付指数排序（1）

年份\排序	1998	1999	2000	2001	2002	2003	2004
1	哈尔滨	沈阳	厦门	厦门	厦门	厦门	厦门
2	沈阳	长春	沈阳	沈阳	太原	太原	太原
3	大连	哈尔滨	长春	大连	沈阳	杭州	沈阳
4	长春	大连	哈尔滨	长春	银川	沈阳	南宁
5	北京	北京	大连	哈尔滨	哈尔滨	哈尔滨	昆明
6	乌鲁木齐	乌鲁木齐	乌鲁木齐	乌鲁木齐	长春	银川	大连
7	福州	银川	银川	银川	大连	长春	银川
8	南宁	兰州	北京	北京	南宁	大连	长春
9	银川	长沙	南宁	南宁	乌鲁木齐	乌鲁木齐	哈尔滨
10	长沙	南宁	西宁	石家庄	郑州	南宁	乌鲁木齐
11	上海	西宁	石家庄	西安	昆明	西宁	兰州
12	南京	石家庄	郑州	西宁	西宁	昆明	长沙
13	兰州	福州	昆明	长沙	广州	长沙	福州
14	郑州	郑州	福州	兰州	海口	兰州	上海
15	西宁	南京	西安	上海	北京	上海	西宁
16	石家庄	呼和浩特	呼和浩特	南京	兰州	郑州	海口
17	呼和浩特	海口	兰州	昆明	石家庄	广州	济南
18	海口	昆明	天津	福州	长沙	福州	广州
19	天津	天津	长沙	郑州	济南	海口	郑州
20	昆明	上海	南京	呼和浩特	南昌	北京	南昌
21	青岛	重庆	上海	天津	福州	济南	北京
22	合肥	青岛	海口	海口	上海	石家庄	西安
23	重庆	广州	重庆	重庆	天津	南昌	天津
24	广州	济南	广州	广州	重庆	重庆	石家庄
25	深圳	西安	济南	成都	西安	呼和浩特	南京
26	成都	合肥	合肥	贵阳	南京	西安	重庆

第四章 中国35个大中城市房价可支付指数及其分布 | 117

续表

年份 排序	1998	1999	2000	2001	2002	2003	2004
27	杭州	成都	青岛	济南	呼和浩特	天津	成都
28	西安	南昌	贵阳	合肥	青岛	成都	呼和浩特
29	济南	深圳	成都	青岛	成都	贵阳	青岛
30	武汉	贵阳	南昌	南昌	贵阳	南京	贵阳
31	贵阳	杭州	深圳	宁波	合肥	青岛	深圳
32	宁波	宁波	宁波	深圳	深圳	合肥	合肥
33	南昌	武汉	武汉	武汉	宁波	深圳	武汉
34	厦门	太原	杭州	杭州	武汉	武汉	宁波
35	太原	厦门	太原	太原	杭州	宁波	杭州

表4-3 理性预期下1998—2018年中国35个大中城市房价可支付指数排序（2）

年份 排序	2005	2006	2007	2008	2009	2010	2011
1	厦门	南宁	上海	南宁	厦门	厦门	厦门
2	沈阳	沈阳	南宁	乌鲁木齐	太原	太原	太原
3	昆明	昆明	大连	上海	上海	海口	杭州
4	南宁	大连	沈阳	沈阳	福州	乌鲁木齐	宁波
5	银川	银川	北京	福州	南宁	北京	乌鲁木齐
6	大连	乌鲁木齐	深圳	大连	北京	上海	福州
7	乌鲁木齐	兰州	昆明	昆明	沈阳	福州	长春
8	哈尔滨	福州	福州	北京	乌鲁木齐	哈尔滨	海口
9	长春	广州	天津	深圳	大连	长春	上海
10	西宁	哈尔滨	广州	哈尔滨	哈尔滨	沈阳	沈阳
11	长沙	成都	成都	成都	长春	南宁	银川
12	兰州	长沙	哈尔滨	天津	银川	银川	南宁
13	广州	长春	乌鲁木齐	广州	海口	大连	哈尔滨
14	海口	西宁	长沙	海口	西宁	天津	长沙

续表

年份排序	2005	2006	2007	2008	2009	2010	2011
15	上海	天津	长春	兰州	兰州	兰州	大连
16	北京	上海	郑州	银川	成都	西宁	西宁
17	天津	郑州	兰州	西宁	天津	广州	兰州
18	南昌	北京	西宁	长春	昆明	成都	重庆
19	西安	海口	银川	郑州	广州	长沙	北京
20	郑州	南昌	海口	长沙	长沙	郑州	天津
21	福州	深圳	南昌	西安	南京	南京	广州
22	成都	西安	重庆	重庆	郑州	深圳	昆明
23	南京	济南	南京	宁波	重庆	重庆	郑州
24	济南	南京	西安	济南	南昌	济南	成都
25	石家庄	重庆	石家庄	南昌	石家庄	昆明	南京
26	重庆	石家庄	济南	武汉	济南	南昌	西安
27	青岛	青岛	武汉	杭州	西安	石家庄	济南
28	呼和浩特	呼和浩特	青岛	南京	深圳	西安	石家庄
29	深圳	合肥	杭州	青岛	贵阳	青岛	南昌
30	合肥	贵阳	合肥	合肥	青岛	贵阳	呼和浩特
31	贵阳	武汉	宁波	石家庄	呼和浩特	呼和浩特	青岛
32	宁波	宁波	呼和浩特	贵阳	武汉	宁波	贵阳
33	武汉	杭州	贵阳	呼和浩特	宁波	合肥	合肥
34	杭州	太原	厦门	厦门	合肥	武汉	深圳
35	太原	厦门	太原	太原	杭州	杭州	武汉

表4-4　理性预期下1998—2018年中国35个大中城市房价可支付指数排序（3）

年份排序	2012	2013	2014	2015	2016	2017	2018
1	福州	福州	福州	厦门	厦门	厦门	厦门

续表

年份排序	2012	2013	2014	2015	2016	2017	2018
2	上海	上海	上海	太原	太原	太原	太原
3	乌鲁木齐	乌鲁木齐	西宁	杭州	杭州	杭州	杭州
4	沈阳	南宁	北京	福州	宁波	宁波	宁波
5	银川	北京	南宁	南宁	武汉	武汉	武汉
6	海口	哈尔滨	兰州	哈尔滨	深圳	深圳	深圳
7	北京	海口	广州	乌鲁木齐	合肥	合肥	合肥
8	南宁	银川	哈尔滨	上海	哈尔滨	哈尔滨	哈尔滨
9	长春	沈阳	沈阳	广州	沈阳	沈阳	福州
10	哈尔滨	西宁	乌鲁木齐	沈阳	广州	海口	沈阳
11	天津	广州	长沙	银川	长沙	长沙	广州
12	昆明	重庆	海口	西宁	银川	兰州	乌鲁木齐
13	大连	长春	成都	长沙	乌鲁木齐	银川	重庆
14	兰州	郑州	银川	海口	海口	乌鲁木齐	长沙
15	重庆	兰州	长春	长春	兰州	广州	海口
16	西宁	成都	重庆	兰州	福州	南宁	银川
17	长沙	深圳	济南	重庆	上海	重庆	长春
18	广州	长沙	青岛	郑州	长春	长春	大连
19	成都	昆明	大连	石家庄	西宁	西宁	南宁
20	郑州	西安	郑州	大连	南宁	大连	上海
21	南京	济南	天津	天津	重庆	福州	西宁
22	西安	宁波	西安	成都	大连	石家庄	石家庄
23	深圳	青岛	昆明	昆明	郑州	郑州	天津
24	宁波	武汉	石家庄	西安	天津	上海	成都
25	杭州	大连	南京	呼和浩特	石家庄	天津	昆明
26	南昌	天津	南昌	济南	成都	成都	兰州
27	济南	贵阳	呼和浩特	南昌	呼和浩特	昆明	西安
28	武汉	南昌	贵阳	南京	西安	西安	呼和浩特
29	石家庄	合肥	深圳	北京	昆明	呼和浩特	郑州
30	青岛	南京	合肥	贵阳	济南	济南	济南
31	呼和浩特	石家庄	武汉	青岛	南昌	南昌	南京

续表

年份\排序	2012	2013	2014	2015	2016	2017	2018
32	贵阳	呼和浩特	宁波	合肥	南京	南京	南昌
33	合肥	杭州	杭州	深圳	北京	北京	贵阳
34	太原	厦门	太原	武汉	贵阳	贵阳	北京
35	厦门	太原	厦门	宁波	青岛	青岛	青岛

(二) 非理性预期下中国 35 个大中城市房价可支付指数排序

1. 3 年预期房价增长率下 2000—2018 年中国 35 个大中城市房价可支付指数排序

表 4-5 至表 4-6 显示，按照本书房价可支付标准，3 年房价增长率移动平均下，2000—2018 年中国 35 个大中城市中等收入者房价可支付指数排序波动较大。2018 年福州中等收入者房价可支付指数排序最高，房价收入比大于 $\frac{1-e_{it}}{uc_{it}}$，中等收入者负担不起房价；深圳、石家庄、北京、天津、合肥、厦门、海口、武汉、南京、杭州、上海、哈尔滨、昆明、西安、沈阳和贵阳中等收入者房价可支付指数位居前列，住房使用成本为负，表明预期房价增长率大，房价收入比高，在融资约束和流动性约束下，中等收入者负担不起房价。

表 4-5　3 年预期房价增长率下 2000—2018 年中国 35 个大中城市房价可支付指数排序（1）

年份\排序	2000	2001	2002	2003	2004	2005	2006	2007	2008
1	北京	北京	福州	沈阳	南宁	昆明	南宁	南宁	昆明

续表

年份 排序	2000	2001	2002	2003	2004	2005	2006	2007	2008
2	上海	福州	北京	南宁	昆明	南宁	昆明	厦门	厦门
3	天津	海口	上海	福州	长春	石家庄	宁波	宁波	北京
4	深圳	厦门	太原	深圳	大连	北京	厦门	天津	青岛
5	南宁	南宁	武汉	合肥	西安	长春	青岛	青岛	深圳
6	合肥	太原	大连	北京	杭州	郑州	合肥	成都	宁波
7	昆明	郑州	深圳	大连	南昌	沈阳	杭州	福州	福州
8	西安	昆明	海口	南京	上海	南昌	上海	武汉	杭州
9	郑州	济南	南宁	厦门	宁波	上海	天津	呼和浩特	广州
10	呼和浩特	贵阳	青岛	昆明	沈阳	宁波	兰州	北京	天津
11	贵阳	南昌	广州	太原	南京	杭州	南昌	杭州	成都
12	太原	成都	郑州	杭州	银川	青岛	成都	西安	武汉
13	武汉	西安	南昌	宁波	北京	济南	武汉	大连	大连
14	大连	哈尔滨	哈尔滨	哈尔滨	哈尔滨	厦门	太原	合肥	长沙
15	长春	深圳	重庆	乌鲁木齐	石家庄	重庆	重庆	重庆	呼和浩特
16	广州	合肥	厦门	兰州	乌鲁木齐	深圳	福州	兰州	重庆
17	哈尔滨	长沙	呼和浩特	石家庄	兰州	哈尔滨	济南	广州	郑州
18	福州	青岛	南京	广州	深圳	大连	北京	深圳	南京
19	厦门	重庆	天津	长春	郑州	乌鲁木齐	西安	南京	贵阳
20	海口	石家庄	合肥	郑州	海口	南京	银川	南昌	海口
21	重庆	上海	乌鲁木齐	呼和浩特	天津	银川	长春	济南	石家庄
22	西宁	杭州	西宁	西宁	广州	长沙	乌鲁木齐	昆明	太原
23	乌鲁木齐	天津	昆明	西安	福州	广州	哈尔滨	沈阳	西宁
24	石家庄	大连	长春	长沙	呼和浩特	海口	沈阳	乌鲁木齐	长春
25	杭州	西宁	银川	海口	合肥	福州	石家庄	哈尔滨	银川
26	长沙	长春	杭州	贵阳	武汉	武汉	郑州	长春	沈阳
27	银川	呼和浩特	沈阳	银川	长沙	太原	海口	银川	南宁
28	沈阳	沈阳	济南	青岛	成都	西安	广州	贵阳	哈尔滨
29	兰州	乌鲁木齐	石家庄	武汉	太原	呼和浩特	长沙	郑州	西安
30	青岛	银川	西安	南昌	西宁	西宁	深圳	石家庄	济南

续表

年份排序	2000	2001	2002	2003	2004	2005	2006	2007	2008
31	济南	兰州	兰州	天津	贵阳	贵阳	贵阳	西宁	合肥
32	宁波	宁波	长沙	济南	济南	成都	呼和浩特	上海	上海
33	南京	广州	贵阳	成都	厦门	天津	西宁	海口	兰州
34	南昌	南京	宁波	重庆	重庆	合肥	大连	长沙	南昌
35	成都	武汉	成都	上海	青岛	兰州	南京	太原	乌鲁木齐

表4-6　3年预期房价增长率下2000—2018年中国35个大中城市房价可支付指数排序（2）

年份排序	2009	2010	2011	2012	2013	2014	2015	2016	2017	2018
1	上海	海口	海口	太原	上海	北京	福州	福州	杭州	福州
2	厦门	上海	太原	福州	北京	上海	深圳	宁波	宁波	深圳
3	北京	北京	杭州	南京	福州	杭州	宁波	成都	福州	石家庄
4	深圳	杭州	宁波	上海	西安	太原	天津	杭州	重庆	北京
5	海口	石家庄	南京	长春	乌鲁木齐	宁波	杭州	南京	西安	天津
6	福州	宁波	上海	长沙	南昌	海口	北京	深圳	哈尔滨	合肥
7	广州	深圳	合肥	重庆	长沙	天津	上海	石家庄	成都	厦门
8	呼和浩特	南京	哈尔滨	宁波	兰州	合肥	成都	上海	深圳	海口
9	成都	长春	乌鲁木齐	石家庄	太原	深圳	太原	厦门	厦门	武汉
10	武汉	福州	贵阳	合肥	昆明	贵阳	济南	广州	南京	南京
11	大连	南宁	福州	乌鲁木齐	西宁	成都	武汉	长沙	北京	杭州
12	乌鲁木齐	哈尔滨	银川	深圳	深圳	哈尔滨	长春	西安	天津	上海
13	贵阳	贵阳	北京	杭州	哈尔滨	厦门	长沙	重庆	上海	哈尔滨
14	青岛	重庆	长春	贵阳	南宁	昆明	郑州	南宁	石家庄	昆明
15	西宁	乌鲁木齐	济南	海口	杭州	南昌	哈尔滨	济南	合肥	西安
16	长沙	广州	石家庄	呼和浩特	天津	西安	海口	西宁	武汉	沈阳
17	杭州	呼和浩特	重庆	济南	宁波	济南	青岛	太原	太原	贵阳
18	石家庄	青岛	呼和浩特	南昌	大连	南宁	贵阳	海口	南宁	广州
19	宁波	武汉	南宁	厦门	武汉	福州	西安	兰州	广州	大连

续表

年份排序	2009	2010	2011	2012	2013	2014	2015	2016	2017	2018
20	长春	郑州	深圳	西安	海口	大连	沈阳	贵阳	乌鲁木齐	乌鲁木齐
21	南宁	长沙	沈阳	天津	广州	南京	重庆	青岛	兰州	呼和浩特
22	哈尔滨	大连	天津	银川	银川	沈阳	大连	沈阳	海口	长春
23	郑州	南昌	昆明	青岛	成都	长春	银川	哈尔滨	长沙	太原
24	合肥	昆明	武汉	哈尔滨	长春	广州	南宁	天津	青岛	银川
25	南京	西安	大连	西宁	贵阳	青岛	南昌	大连	长春	南宁
26	太原	沈阳	南昌	昆明	石家庄	重庆	乌鲁木齐	银川	银川	西宁
27	沈阳	成都	广州	广州	郑州	银川	合肥	呼和浩特	沈阳	兰州
28	银川	西宁	青岛	成都	济南	兰州	南京	南昌	大连	青岛
29	兰州	太原	西宁	郑州	青岛	武汉	石家庄	乌鲁木齐	济南	郑州
30	昆明	兰州	西安	北京	沈阳	西宁	呼和浩特	长春	西宁	宁波
31	南昌	合肥	厦门	南宁	重庆	呼和浩特	广州	武汉	昆明	南昌
32	天津	厦门	郑州	兰州	合肥	石家庄	昆明	郑州	南昌	重庆
33	重庆	济南	兰州	大连	南京	长沙	厦门	合肥	贵阳	成都
34	西安	天津	长沙	武汉	呼和浩特	乌鲁木齐	西宁	昆明	郑州	济南
35	济南	银川	成都	沈阳	厦门	郑州	兰州	北京	呼和浩特	长沙

2. 5 年房价增长率移动平均下 2002—2018 年中国 35 个大中城市房价可支付指数排序

表 4-7 至表 4-8 显示，按照本书房价可支付标准，5 年房价增长率移动平均下，2002—2018 年中国 35 个大中城市房价可支付指数排序波动较大。2018 年，福州和宁波中等收入者房价可支付指数列前两位，房价收入比大于 $\frac{1-e_{it}}{uc_{it}}$，中等收入者负担不起房价；深圳、石家庄、厦门、北京、合肥、天津、海口、上海和南京中等收入者房价可支付指数排序位居前列，住房使用成本为负，表明预期房价增长率大，房价收入比高，在融资约束和流动性约束下，中等收入者负担不起房价。

表4-7　5年预期房价增长率下2002—2018年中国35个大中城市房价可支付指数排序（1）

年份排序	2002	2003	2004	2005	2006	2007	2008	2009
1	上海	福州	南宁	南宁	南宁	南宁	昆明	厦门
2	北京	合肥	昆明	昆明	昆明	昆明	厦门	北京
3	太原	北京	北京	北京	宁波	长春	青岛	宁波
4	南宁	海口	深圳	沈阳	杭州	宁波	宁波	青岛
5	昆明	太原	福州	郑州	青岛	厦门	深圳	成都
6	合肥	南宁	太原	上海	上海	杭州	北京	福州
7	武汉	郑州	杭州	太原	厦门	青岛	福州	天津
8	西安	济南	大连	宁波	南昌	南昌	杭州	海口
9	郑州	南昌	海口	南昌	天津	天津	武汉	杭州
10	深圳	昆明	南京	杭州	重庆	成都	天津	深圳
11	天津	深圳	广州	深圳	深圳	上海	成都	武汉
12	福州	厦门	合肥	大连	沈阳	福州	广州	广州
13	海口	西宁	天津	乌鲁木齐	乌鲁木齐	重庆	南昌	大连
14	厦门	长沙	长春	哈尔滨	长春	沈阳	上海	呼和浩特
15	西宁	石家庄	西安	南京	石家庄	哈尔滨	大连	重庆
16	沈阳	兰州	呼和浩特	石家庄	哈尔滨	乌鲁木齐	呼和浩特	西安
17	青岛	沈阳	银川	广州	郑州	石家庄	兰州	兰州
18	杭州	大连	石家庄	长春	银川	深圳	重庆	上海
19	银川	长春	厦门	福州	广州	海口	合肥	沈阳
20	乌鲁木齐	乌鲁木齐	哈尔滨	海口	北京	郑州	长沙	昆明
21	石家庄	天津	郑州	合肥	大连	银川	南宁	银川
22	济南	青岛	乌鲁木齐	银川	长沙	长沙	银川	南宁
23	哈尔滨	南京	沈阳	长沙	南京	广州	沈阳	哈尔滨
24	重庆	呼和浩特	兰州	西安	西安	南京	哈尔滨	南京
25	南昌	上海	长沙	成都	海口	大连	乌鲁木齐	南昌
26	兰州	哈尔滨	上海	天津	呼和浩特	北京	长春	乌鲁木齐
27	南京	银川	重庆	西宁	西宁	西宁	郑州	贵阳

续表

年份 排序	2002	2003	2004	2005	2006	2007	2008	2009
28	长沙	广州	青岛	呼和浩特	福州	西安	西安	太原
29	广州	重庆	成都	兰州	贵阳	兰州	石家庄	石家庄
30	大连	武汉	济南	贵阳	兰州	贵阳	西宁	长春
31	长春	杭州	西宁	厦门	太原	太原	海口	郑州
32	宁波	西安	武汉	武汉	成都	武汉	南京	长沙
33	成都	宁波	贵阳	青岛	济南	呼和浩特	贵阳	西宁
34	贵阳	贵阳	宁波	重庆	武汉	合肥	济南	济南
35	呼和浩特	成都	南昌	济南	合肥	济南	太原	合肥

表4－8　5年预期房价增长率下2002—2018年中国35个大中城市房价可支付指数排序（2）

年份 排序	2010	2011	2012	2013	2014	2015	2016	2017	2018
1	宁波	海口	海口	深圳	南京	上海	杭州	宁波	福州
2	杭州	北京	深圳	福州	上海	宁波	宁波	福州	宁波
3	北京	深圳	福州	海口	福州	厦门	海口	杭州	深圳
4	福州	福州	长春	乌鲁木齐	重庆	北京	北京	太原	石家庄
5	厦门	杭州	乌鲁木齐	南京	南昌	杭州	南京	成都	厦门
6	海口	宁波	宁波	石家庄	石家庄	天津	太原	深圳	北京
7	青岛	厦门	杭州	呼和浩特	太原	南宁	成都	南京	合肥
8	石家庄	南京	北京	宁波	乌鲁木齐	成都	天津	厦门	天津
9	深圳	太原	长沙	太原	杭州	哈尔滨	石家庄	上海	海口
10	南京	呼和浩特	太原	西安	深圳	武汉	昆明	北京	上海
11	呼和浩特	贵阳	重庆	杭州	呼和浩特	贵阳	深圳	石家庄	南京
12	天津	长春	石家庄	北京	成都	银川	广州	郑州	成都
13	上海	乌鲁木齐	贵阳	厦门	北京	福州	哈尔滨	哈尔滨	太原
14	成都	石家庄	厦门	武汉	西宁	大连	济南	海口	乌鲁木齐

续表

年份排序	2010	2011	2012	2013	2014	2015	2016	2017	2018
15	贵阳	上海	南京	广州	大连	石家庄	合肥	西安	大连
16	广州	广州	哈尔滨	天津	天津	沈阳	贵阳	重庆	西安
17	重庆	哈尔滨	上海	成都	广州	海口	南宁	长春	青岛
18	武汉	重庆	济南	大连	南宁	青岛	上海	济南	重庆
19	大连	长沙	青岛	青岛	沈阳	重庆	福州	大连	广州
20	长沙	青岛	合肥	南宁	青岛	长春	重庆	贵阳	银川
21	郑州	济南	昆明	郑州	哈尔滨	济南	大连	长沙	呼和浩特
22	长春	南宁	兰州	上海	武汉	广州	沈阳	沈阳	长春
23	太原	成都	西宁	哈尔滨	济南	南京	长沙	青岛	长沙
24	哈尔滨	天津	郑州	沈阳	贵阳	长沙	青岛	南宁	沈阳
25	乌鲁木齐	合肥	沈阳	西宁	昆明	郑州	长春	乌鲁木齐	南宁
26	合肥	大连	成都	长春	厦门	呼和浩特	银川	银川	兰州
27	沈阳	武汉	南昌	昆明	西安	西安	西安	广州	贵阳
28	昆明	郑州	银川	南昌	银川	西宁	兰州	天津	济南
29	南昌	银川	天津	贵阳	长春	兰州	乌鲁木齐	兰州	哈尔滨
30	西安	昆明	广州	济南	兰州	深圳	呼和浩特	呼和浩特	南昌
31	银川	西安	南宁	银川	宁波	昆明	西宁	昆明	西宁
32	兰州	沈阳	大连	重庆	海口	太原	武汉	武汉	昆明
33	济南	西宁	西安	兰州	郑州	南昌	郑州	南昌	郑州
34	西宁	兰州	武汉	长沙	长沙	合肥	厦门	西宁	杭州
35	南宁	南昌	呼和浩特	合肥	合肥	乌鲁木齐	南昌	合肥	武汉

八 主要结论与政策建议

(一) 主要结论

前已述及，确定房价收入比的理论边界值需科学估算住房使用成本，而估算住房使用成本基于房价预期增长率。据此，本书基于理性预期和非理性预期分别估算住房使用成本以及房价收入比的理论边界值，并根据本书住房可支付标准将中等收入者房价支付困难程度划分为负担不起、严重支付困难、轻度支付困难和无支付困难4个等级，最后使用1998—2018年中国35个大中城市住房市场以及家庭收入数据，测算中等收入者房价收入比，得出以下主要结论。

第一，本书基于产权选择理论，根据住房使用成本将房价收入比的边界值理论化和动态化，解决传统指标缺乏理论依据问题。研究结果显示，传统房价收入比指标高估房价支付困难程度，低估房价支付能力，本书的房价收入比边界值比3—6倍房价收入比经验值更能动态反映房价可支付性，更能准确测度中等收入者房价支付困难程度。

第二，理性预期房价增长率下1998—2018年中国35个大中城市平均房价收入比总体呈上涨趋势，但只有少数城市中等收入者在个别年份存在房价严重支付困难和负担不起问题。只有太原、沈阳、长春、哈尔滨、杭州、合肥、武汉、大连、宁波、厦门、深圳少数年份中等收入者负担不起房价，存在买不起问题。

第三，尽管非理性预期房价增长率下2000—2018年中国35个大中城市中等收入者房价支付困难程度波动较大，但非理性预期房价增长率下35个大中城市中等收入者不同年份均存在买不起房问题。

第四，与理性预期相比，非理性预期更易引发房价预期过度乐观，导致房价收入比过高，更多城市中等收入者买不起房。

（二）政策建议

针对上述结论，本书提出以下建议。

第一，鉴于本书提出的住房支付理论边界值较传统指标更能动态反映和准确测度住房可支付性，建议采用本书提出的住房支付标准作为房价可支付标准，并与传统住房支付指标比较，以便精准施策，因城施策。

第二，鉴于中国处于经济转轨期，经济和社会处于不断变革中，居民难以形成长期和稳定的预期，应高度重视非理性预期下房价负担不起城市的住房可支付问题。换言之，对过去房价上涨过快的地区，中央和当地政府应采取必要措施，严厉打击住房投机，坚决遏制房价快速上涨势头，使居民预期回归理性，房价回归到合理水平，中等收入者能买得起。因此，为提升中等收入者住房购买能力，应重视"稳预期"对住房支付能力的影响，让买房者回归理性。

第三，一二三线城市中等收入者均存在房价负担不起和严重支付困难问题。因此，为增强中等收入者房价可支付性，防范住房泡沫和住房金融风险，应重点解决房价支付困难城市房价过高以及上涨速度过快问题，长期严格执行从紧的住房政策，严厉打击住房投机，但也要因城因时施策。

第五章

中国 35 个大中城市住房可支付指数联合分布

前已述及，根据产权选择理论，住房消费既可经租房也可经买房解决。因此，为考察城市中等收入者是否同时具有房租和房价可支付性，本书根据住房可支付理论模型，构建城市中等收入者房租和房价可支付指数联合分布，从而划分中国哪些城市既买得起也租得起房，哪些城市既买不起也租不起房，哪些城市买不起但租得起房，哪些城市买得起但租不起房。

一 住房可支付指数联合分布构建

前已述及，产权选择理论经住房消费将住房买卖市场和租赁市场关联起来。另外，住房买卖市场和租赁市场关联度受住房市场供求关系以及市场化程度影响。若住房买卖市场和租赁市场关联度大，可能出现既买得起房又租得起房情形，也可能出现既买不起房又租不起房情形。若住房买卖市场和租赁市场关联度小，可能出现买不起房但租得起房情形，也可能出现买得起但租不起房情形。因此，基于本书可支付性理论模型和产权选择理论构建住房可支付指数联合分布。表 5-1 显示，根据本书房租和房价可支付性四种情形，可得出 16 种房租和房价可支付指数联合分布。鉴于负担不起和严重支付困难两种情形对住房可支付以及解决住房可支付问题具有重要意义，本书重点分析负担不起和严重支付困难两种情形下住房可支付指数联合分布。

表 5-1 住房可支付指数联合分布

联合分布		房租可支付标准			
		负担不起	严重支付困难	轻度支付困难	无支付困难
房价可支付标准	负担不起	既买不起又租不起	买不起但房租严重支付困难	买不起但房租轻度支付困难	买不起但租得起
	严重支付困难	租不起但房价严重支付困难	房价和房租均严重支付困难	房价严重支付困难但房租轻度支付困难	租得起但房价严重支付困难
	轻度支付困难	租不起但房价轻度支付困难	房价轻度支付困难但房租严重支付困难	房价和房租均轻度支付困难	租得起但房价轻度支付困难
	无支付困难	租不起但买得起	买得起但房租严重支付困难	买得起但房租轻度支付困难	既买得起又租得起

二 理性预期下中国35个大中城市住房可支付指数联合分布

（一）理性预期下中国35个大中城市住房负担不起联合分布

图5-1和表5-2显示，按照本书住房负担不起标准，在理性预期下，1998—2018年中国35个大中城市中等收入者既有买不起也有租不起情形，大部分城市中等收入者既买得起也租得起，少数城市中等收入者买得起但租不起。中等收入者租不起城市逐年减少，由1998年的

福州、海口、杭州、兰州、青岛、厦门、上海、武汉、重庆、大连、哈尔滨 11 个城市减至 2007 年只有南宁一个城市。2016—2018 年太原、杭州、合肥、武汉、宁波、厦门和深圳中等收入者买不起但租得起。

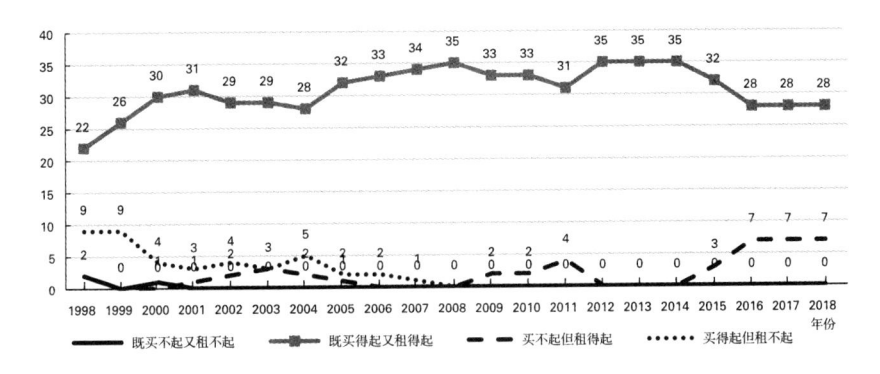

图 5-1　理性预期下中国 35 个大中城市住房负担不起联合分布

表 5-2　理性预期下 1998—2018 年中国 35 个大中城市住房负担不起联合分布

年份 联合分布	1998	1999	2000	2001
既买得起（$PI_{it} < \dfrac{1-e_{it}}{uc_{it}}$），又租得起（$RI_{it} < 1-e_{it}$）	北京、天津、石家庄、太原、呼和浩特、南京、合肥、南昌、济南、郑州、长沙、广州、南宁、成都、贵阳、昆明、西安、西宁、银川、乌鲁木齐、宁波、深圳	北京、天津、石家庄、太原、呼和浩特、沈阳、长春、上海、南京、合肥、南昌、济南、郑州、长沙、广州、南宁、成都、贵阳、昆明、西安、西宁、银川、乌鲁木齐、宁波、厦门、深圳	北京、天津、石家庄、太原、呼和浩特、沈阳、长春、上海、南京、合肥、福州、南昌、济南、郑州、武汉、长沙、广州、南宁、重庆、成都、贵阳、昆明、西安、兰州、西宁、银川、乌鲁木齐、青岛、宁波、深圳	天津、石家庄、太原、呼和浩特、沈阳、长春、上海、南京、杭州、合肥、福州、南昌、济南、郑州、武汉、长沙、广州、南宁、海口、重庆、成都、贵阳、昆明、西安、兰州、西宁、银川、乌鲁木齐、青岛、宁波、深圳

续表

年份 联合分布	1998	1999	2000	2001
买不起（$PI_{it} \geq \frac{1-e_{it}}{uc_{it}}$），但租得起（$RI_{it} < 1-e_{it}$）	沈阳、长春	无	无	厦门
买得起（$PI_{it} < \frac{1-e_{it}}{uc_{it}}$），但租不起（$RI_{it} \geq 1-e_{it}$）	上海、杭州、福州、武汉、海口、重庆、兰州、青岛、厦门	哈尔滨、杭州、福州、武汉、海口、重庆、兰州、大连、青岛	哈尔滨、杭州、海口、大连	北京、哈尔滨、大连
既买不起（$PI_{it} \geq \frac{1-e_{it}}{uc_{it}}$），又租不起（$RI_{it} \geq 1-e_{it}$）	哈尔滨、大连	无	厦门	无

年份 联合分布	2002	2003	2004	2005
既买得起（$PI_{it} < \frac{1-e_{it}}{uc_{it}}$），又租得起（$RI_{it} < 1-e_{it}$）	北京、天津、石家庄、呼和浩特、沈阳、长春、上海、南京、杭州、合肥、南昌、济南、郑州、长沙、广州、南宁、海口、重庆、成都、贵阳、昆明、西安、兰州、西宁、银川、乌鲁木齐、青岛、宁波、深圳	北京、天津、石家庄、呼和浩特、沈阳、长春、上海、南京、合肥、福州、南昌、济南、郑州、长沙、广州、南宁、海口、重庆、成都、贵阳、昆明、西安、兰州、西宁、银川、乌鲁木齐、青岛、宁波、深圳	北京、天津、石家庄、呼和浩特、沈阳、长春、上海、南京、杭州、合肥、福州、南昌、济南、郑州、长沙、广州、海口、重庆、成都、贵阳、西安、兰州、西宁、银川、乌鲁木齐、青岛、宁波、深圳	北京、天津、石家庄、太原、呼和浩特、沈阳、长春、哈尔滨、上海、南京、杭州、合肥、福州、南昌、济南、郑州、武汉、长沙、广州、海口、重庆、成都、贵阳、西安、兰州、西宁、银川、乌鲁木齐、大连、青岛、宁波、深圳

第五章 中国 35 个大中城市住房可支付指数联合分布

续表

年份 联合分布	2002	2003	2004	2005
买不起（$PI_{it} \geq \dfrac{1-e_{it}}{uc_{it}}$），但租得起（$RI_{it} < 1-e_{it}$）	太原、厦门	太原、杭州、厦门	太原、厦门	厦门
买得起（$PI_{it} < \dfrac{1-e_{it}}{uc_{it}}$），但租不起（$RI_{it} \geq 1-e_{it}$）	哈尔滨、福州、武汉、大连	哈尔滨、武汉、大连	哈尔滨、武汉、南宁、昆明、大连	南宁、昆明
既买不起（$PI_{it} \geq \dfrac{1-e_{it}}{uc_{it}}$），又租不起（$RI_{it} \geq 1-e_{it}$）	无	无	无	无

年份 联合分布	2006	2007	2008	2009
既买得起（$PI_{it} < \dfrac{1-e_{it}}{uc_{it}}$），又租得起（$RI_{it} < 1-e_{it}$）	北京、天津、石家庄、太原、呼和浩特、沈阳、长春、哈尔滨、上海、南京、杭州、合肥、福州、南昌、济南、郑州、武汉、长沙、广州、海口、重庆、成都、贵阳、西安、兰州、西宁、银川、乌鲁木齐、大连、青岛、宁波、厦门、深圳	北京、天津、石家庄、太原、呼和浩特、沈阳、长春、哈尔滨、上海、南京、杭州、合肥、福州、南昌、济南、郑州、武汉、长沙、广州、海口、重庆、成都、贵阳、昆明、西安、兰州、西宁、银川、乌鲁木齐、大连、青岛、宁波、厦门、深圳	北京、天津、石家庄、太原、呼和浩特、沈阳、长春、哈尔滨、上海、南京、杭州、合肥、福州、南昌、济南、郑州、武汉、长沙、广州、南宁、海口、重庆、成都、贵阳、昆明、西安、兰州、西宁、银川、乌鲁木齐、大连、青岛、宁波、厦门、深圳	北京、天津、石家庄、呼和浩特、沈阳、长春、哈尔滨、上海、南京、杭州、合肥、福州、南昌、济南、郑州、武汉、长沙、广州、南宁、海口、重庆、成都、贵阳、昆明、西安、兰州、西宁、银川、乌鲁木齐、大连、青岛、宁波、深圳

续表

年份\联合分布	2006	2007	2008	2009
买不起（$PI_{it} \geq \frac{1-e_{it}}{uc_{it}}$），但租得起（$RI_{it} < 1-e_{it}$）	无	无	无	太原、厦门
买得起（$PI_{it} < \frac{1-e_{it}}{uc_{it}}$），但租不起（$RI_{it} \geq 1-e_{it}$）	南宁、昆明	南宁	无	无
既买不起（$PI_{it} \geq \frac{1-e_{it}}{uc_{it}}$），又租不起（$RI_{it} \geq 1-e_{it}$）	无	无	无	无

年份\联合分布	2010	2011	2012	2013
既买得起（$PI_{it} < \frac{1-e_{it}}{uc_{it}}$），又租得起（$RI_{it} < 1-e_{it}$）	北京、天津、石家庄、呼和浩特、沈阳、长春、哈尔滨、上海、南京、杭州、合肥、福州、南昌、济南、郑州、武汉、长沙、广州、南宁、海口、重庆、成都、贵阳、昆明、西安、兰州、西宁、银川、乌鲁木齐、大连、青岛、宁波、深圳	北京、天津、石家庄、呼和浩特、沈阳、长春、哈尔滨、上海、南京、合肥、福州、南昌、济南、郑州、武汉、长沙、广州、南宁、海口、重庆、成都、贵阳、昆明、西安、兰州、西宁、银川、乌鲁木齐、大连、青岛、深圳	北京、天津、石家庄、太原、呼和浩特、沈阳、长春、哈尔滨、上海、南京、杭州、合肥、福州、南昌、济南、郑州、武汉、长沙、广州、南宁、海口、重庆、成都、贵阳、昆明、西安、兰州、西宁、银川、乌鲁木齐、大连、青岛、宁波、深圳	北京、天津、石家庄、太原、呼和浩特、沈阳、长春、哈尔滨、上海、南京、杭州、合肥、福州、南昌、济南、郑州、武汉、长沙、广州、南宁、海口、重庆、成都、贵阳、昆明、西安、兰州、西宁、银川、乌鲁木齐、大连、青岛、宁波、厦门、深圳

续表

年份 联合分布	2010	2011	2012	2013
买不起（$PI_{it} \geq \frac{1-e_{it}}{uc_{it}}$），但租得起（$RI_{it} < 1-e_{it}$）	太原、厦门	太原、杭州、宁波、厦门	无	无
买得起（$PI_{it} < \frac{1-e_{it}}{uc_{it}}$），但租不起（$RI_{it} \geq 1-e_{it}$）	无	无	无	无
既买不起（$PI_{it} \geq \frac{1-e_{it}}{uc_{it}}$），又租不起（$RI_{it} \geq 1-e_{it}$）	无	无	无	无

年份 联合分布	2014	2015	2016	2017	2018
既买得起（$PI_{it} < \frac{1-e_{it}}{uc_{it}}$），又租得起（$RI_{it} < 1-e_{it}$）	北京、天津、石家庄、太原、呼和浩特、沈阳、长春、哈尔滨、上海、南京、杭州、合肥、福州、南昌、济南、郑州、武汉、长沙、广州、南宁、海口、重庆、成都、贵阳、昆明	北京、天津、石家庄、呼和浩特、沈阳、长春、哈尔滨、上海、南京、合肥、福州、南昌、济南、郑州、武汉、长沙、广州、南宁、海口、重庆、成都、贵阳、昆明、西安、兰州	北京、天津、石家庄、呼和浩特、沈阳、长春、哈尔滨、上海、南京、福州、济南、郑州、长沙、广州、南宁、海口、重庆、成都、贵阳、昆明、西安、兰州、西宁、银川	北京、天津、石家庄、呼和浩特、沈阳、长春、哈尔滨、上海、南京、福州、南昌、济南、郑州、长沙、广州、南宁、海口、重庆、成都、贵阳、昆明、西安、兰州、西宁、银川	北京、天津、石家庄、呼和浩特、沈阳、长春、哈尔滨、上海、南京、福州、南昌、济南、郑州、长沙、广州、南宁、海口、重庆、成都、贵阳、昆明、西安、兰州、西宁、银川、乌鲁木齐、大连、青岛

续表

联合分布＼年份	2014	2015	2016	2017	2018
	西安、兰州、西宁、银川、乌鲁木齐、大连、青岛、宁波、厦门、深圳	西宁、银川、乌鲁木齐、大连、青岛、宁波、深圳	乌鲁木齐、大连、青岛	乌鲁木齐、大连、青岛	
买不起（$PI_{it} \geq \frac{1-e_{it}}{uc_{it}}$），但租得起（$RI_{it} < 1-e_{it}$）	无	太原、杭州、厦门	太原、杭州、合肥、武汉、宁波、厦门、深圳	太原、杭州、合肥、武汉、宁波、厦门、深圳	太原、杭州、合肥、武汉、宁波、厦门、深圳
买得起（$PI_{it} < \frac{1-e_{it}}{uc_{it}}$），但租不起（$RI_{it} \geq 1-e_{it}$）	无	无	无	无	无
既买不起（$PI_{it} \geq \frac{1-e_{it}}{uc_{it}}$），又租不起（$RI_{it} \geq 1-e_{it}$）	无	无	无	无	无

（二）理性预期下中国35个大中城市住房严重支付困难联合分布

实际上，对中等收入而言，当房租收入比和房价收入比分别超过边界值 $1-e_{it}-AT_{it}$ 和 $\frac{1-e_{it}-AT_{it}}{uc_{it}}$ 时，中等收入者存在住房严重支付困难，同样存在租不起和买不起情形。为此，本书将住房不可支付标准放宽至住房严重支付困难，构建住房严重支付困难联合分布。

图5-2和表5-3显示，按照本书住房严重支付困难标准，在理性预期下，大部分城市中等收入者既买得起又租得起，部分城市某些年份租不起，少数城市个别年份买不起。中等收入者租不起的城市逐年减少，由1998年的深圳、厦门、宁波、青岛、兰州、贵阳、成都、重庆、海口、武汉、郑州、合肥、杭州、南京、上海、呼和浩特、太原、天津、大连、乌鲁木齐、南宁、长沙、福州、哈尔滨、长春、沈阳26个城市减至2016年只有哈尔滨一个城市。2017—2018年太原、杭州、合肥、武汉、宁波、厦门、深圳7个城市中等收入者买不起但租得起。

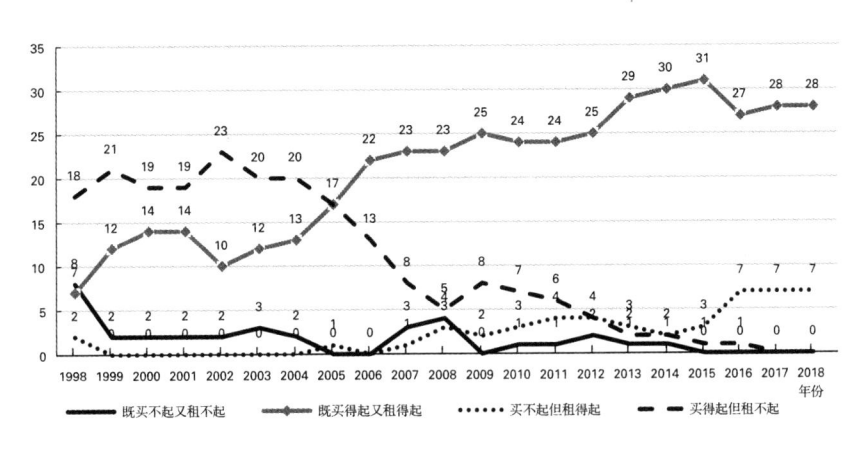

图5-2 理性预期下中国35个大中城市住房严重支付困难联合分布

表 5–3　　　　理性预期下 1998—2018 年中国 35 个大中城市
住房严重支付困难联合分布

年份 联合分布	1998	1999	2000	2001
既买得起（$PI_{it} < \frac{1-e_{it}-AT_{it}}{uc_{it}}$），又租得起（$RI_{it} < 1-e_{it}-AT_{it}$）	石家庄、南昌、济南、广州、昆明、西安、西宁	北京、石家庄、合肥、南昌、济南、郑州、广州、昆明、西安、西宁、银川、乌鲁木齐	石家庄、太原、呼和浩特、南昌、济南、郑州、长沙、广州、成都、昆明、西宁、银川、乌鲁木齐、宁波	石家庄、呼和浩特、合肥、南昌、济南、长沙、广州、成都、兰州、西宁、银川、乌鲁木齐、宁波、深圳
买不起（$PI_{it} \geq \frac{1-e_{it}-AT_{it}}{uc_{it}}$），但租得起（$RI_{it} < 1-e_{it}-AT_{it}$）	北京、银川	无	无	无
买得起（$PI_{it} < \frac{1-e_{it}-AT_{it}}{uc_{it}}$），但租不起（$RI_{it} \geq 1-e_{it}-AT_{it}$）	天津、太原、呼和浩特、上海、南京、杭州、合肥、郑州、武汉、海口、重庆、成都、贵阳、兰州、青岛、宁波、厦门、深圳	天津、太原、呼和浩特、哈尔滨、上海、南京、杭州、福州、武汉、长沙、南宁、海口、重庆、成都、贵阳、兰州、大连、青岛、宁波、厦门、深圳	北京、天津、长春、哈尔滨、上海、南京、杭州、合肥、福州、武汉、南宁、海口、重庆、贵阳、西安、兰州、大连、青岛、深圳	北京、天津、太原、长春、哈尔滨、上海、南京、杭州、福州、郑州、武汉、南宁、海口、重庆、贵阳、昆明、西安、大连、青岛
既买不起（$PI_{it} \geq \frac{1-e_{it}-AT_{it}}{uc_{it}}$），又租不起（$RI_{it} \geq 1-e_{it}-AT_{it}$）	沈阳、长春、哈尔滨、福州、长沙、南宁、乌鲁木齐、大连	沈阳、长春	沈阳、厦门	沈阳、厦门

续表

年份 联合分布	2002	2003	2004	2005
既买得起（$PI_{it} < \dfrac{1-e_{it}-AT_{it}}{uc_{it}}$），又租得起（$RI_{it} < 1-e_{it}-AT_{it}$）	石家庄、沈阳、济南、长沙、广州、成都、银川、乌鲁木齐、宁波、深圳	石家庄、呼和浩特、沈阳、济南、郑州、长沙、广州、成都、西安、乌鲁木齐、宁波、深圳	石家庄、呼和浩特、沈阳、合肥、济南、郑州、长沙、广州、西安、西宁、乌鲁木齐、宁波、深圳	石家庄、呼和浩特、沈阳、南昌、济南、郑州、长沙、广州、重庆、贵阳、西安、兰州、西宁、银川、乌鲁木齐、青岛、宁波
买不起（$PI_{it} \geq \dfrac{1-e_{it}-AT_{it}}{uc_{it}}$），但租得起（$RI_{it} < 1-e_{it}-AT_{it}$）	无	无	无	厦门
买得起（$PI_{it} < \dfrac{1-e_{it}-AT_{it}}{uc_{it}}$），但租不起（$RI_{it} \geq 1-e_{it}-AT_{it}$）	北京、天津、呼和浩特、长春、哈尔滨、上海、南京、杭州、合肥、福州、南昌、郑州、武汉、南宁、海口、重庆、贵阳、昆明、西安、兰州、西宁、大连、青岛	北京、天津、长春、哈尔滨、上海、南京、合肥、福州、南昌、武汉、南宁、海口、重庆、贵阳、昆明、兰州、西宁、银川、大连、青岛	北京、天津、长春、哈尔滨、上海、南京、杭州、福州、南昌、武汉、南宁、海口、重庆、成都、贵阳、昆明、兰州、银川、大连、青岛	北京、天津、太原、长春、哈尔滨、上海、南京、杭州、合肥、福州、武汉、南宁、海口、成都、昆明、大连、深圳
既买不起（$PI_{it} \geq \dfrac{1-e_{it}-AT_{it}}{uc_{it}}$），又租不起（$RI_{it} \geq 1-e_{it}-AT_{it}$）	太原、厦门	太原、杭州、厦门	太原、厦门	无

续表

联合分布 \ 年份	2006	2007	2008	2009
既买得起（$PI_{it} < \frac{1-e_{it}-AT_{it}}{uc_{it}}$），又租得起（$RI_{it} < 1-e_{it}-AT_{it}$）	石家庄、太原、呼和浩特、沈阳、长春、南京、福州、南昌、济南、郑州、长沙、广州、重庆、贵阳、西安、兰州、西宁、银川、乌鲁木齐、青岛、宁波、厦门	天津、石家庄、太原、呼和浩特、长春、南京、合肥、福州、南昌、济南、郑州、长沙、广州、重庆、贵阳、西安、兰州、西宁、银川、乌鲁木齐、青岛、宁波、厦门	天津、石家庄、太原、呼和浩特、长春、南京、合肥、南昌、济南、郑州、长沙、广州、海口、重庆、成都、贵阳、西安、兰州、西宁、银川、青岛、宁波、厦门	天津、石家庄、呼和浩特、沈阳、长春、南京、合肥、福州、南昌、济南、郑州、长沙、广州、海口、重庆、成都、贵阳、西安、兰州、西宁、银川、乌鲁木齐、青岛、宁波、深圳
买不起（$PI_{it} \geq \frac{1-e_{it}-AT_{it}}{uc_{it}}$），但租得起（$RI_{it} < 1-e_{it}-AT_{it}$）	无	沈阳	沈阳、福州、乌鲁木齐	太原、厦门
买得起（$PI_{it} < \frac{1-e_{it}-AT_{it}}{uc_{it}}$），但租不起（$RI_{it} \geq 1-e_{it}-AT_{it}$）	北京、天津、哈尔滨、上海、杭州、合肥、武汉、南宁、海口、成都、昆明、大连、深圳	北京、哈尔滨、杭州、武汉、海口、成都、昆明、深圳	北京、哈尔滨、杭州、武汉、深圳	北京、哈尔滨、上海、杭州、武汉、南宁、昆明、大连
既买不起（$PI_{it} \geq \frac{1-e_{it}-AT_{it}}{uc_{it}}$），又租不起（$RI_{it} \geq 1-e_{it}-AT_{it}$）	无	上海、南宁、大连	上海、南宁、昆明、大连	无

续表

联合分布 \ 年份	2010	2011	2012	2013
既买得起（$PI_{it} < \dfrac{1-e_{it}-AT_{it}}{uc_{it}}$），又租得起（$RI_{it} < 1 - e_{it} - AT_{it}$）	天津、石家庄、呼和浩特、沈阳、长春、南京、合肥、福州、南昌、济南、郑州、武汉、长沙、广州、重庆、成都、贵阳、西安、兰州、西宁、银川、青岛、宁波、深圳	天津、石家庄、呼和浩特、沈阳、长春、南京、合肥、福州、南昌、济南、郑州、武汉、长沙、广州、重庆、成都、贵阳、西安、兰州、西宁、银川、大连、青岛、深圳	天津、石家庄、太原、呼和浩特、长春、南京、合肥、南昌、济南、郑州、武汉、长沙、广州、南宁、重庆、成都、贵阳、西安、兰州、西宁、大连、青岛、宁波、厦门、深圳	天津、石家庄、太原、呼和浩特、沈阳、长春、南京、杭州、合肥、南昌、济南、郑州、武汉、长沙、广州、海口、重庆、成都、贵阳、昆明、西安、兰州、西宁、银川、大连、青岛、宁波、厦门、深圳
买不起（$PI_{it} \geq \dfrac{1-e_{it}-AT_{it}}{uc_{it}}$），但租得起（$RI_{it} < 1 - e_{it} - AT_{it}$）	太原、乌鲁木齐、厦门	太原、乌鲁木齐、宁波、厦门	沈阳、福州、银川、乌鲁木齐	福州、南宁、乌鲁木齐
买得起（$PI_{it} < \dfrac{1-e_{it}-AT_{it}}{uc_{it}}$），但租不起（$RI_{it} \geq 1 - e_{it} - AT_{it}$）	北京、哈尔滨、上海、杭州、南宁、昆明、大连	北京、哈尔滨、上海、杭州、南宁、海口、昆明	北京、哈尔滨、杭州、昆明	北京、哈尔滨
既买不起（$PI_{it} \geq \dfrac{1-e_{it}-AT_{it}}{uc_{it}}$），又租不起（$RI_{it} \geq 1 - e_{it} - AT_{it}$）	海口	杭州	上海、海口	上海

续表

联合分布＼年份	2014年	2015年	2016年	2017年	2018年
既买得起（$PI_{it} < \frac{1-e_{it}-AT_{it}}{uc_{it}}$），又租得起（$RI_{it} < 1-e_{it}-AT_{it}$）	天津、石家庄、沈阳、南京、杭州、太原、长春、合肥、呼和浩特、南昌、济南、郑州、武汉、长沙、广州、南宁、海口、重庆、成都、贵阳、昆明、西安、兰州、银川、乌鲁木齐、大连、青岛、宁波、厦门、深圳	北京、天津、石家庄、沈阳、上海、南京、长春、合肥、呼和浩特、福州、南昌、济南、郑州、武汉、长沙、广州、南宁、海口、重庆、成都、贵阳、昆明、西安、兰州、西宁、银川、乌鲁木齐、大连、青岛、宁波、深圳	北京、天津、石家庄、沈阳、上海、南京、福州、长春、呼和浩特、南昌、济南、郑州、长沙、广州、南宁、海口、重庆、成都、贵阳、昆明、西安、兰州、西宁、银川、乌鲁木齐、大连、青岛	北京、天津、石家庄、沈阳、上海、南京、长春、哈尔滨、呼和浩特、福州、南昌、济南、郑州、长沙、广州、南宁、海口、重庆、成都、贵阳、昆明、西安、兰州、西宁、银川、乌鲁木齐、大连、青岛	北京、天津、石家庄、沈阳、上海、南京、长春、哈尔滨、呼和浩特、福州、南昌、济南、郑州、长沙、广州、南宁、海口、重庆、成都、贵阳、昆明、西安、兰州、西宁、银川、乌鲁木齐、大连、青岛
买不起（$PI_{it} \geq \frac{1-e_{it}-AT_{it}}{uc_{it}}$），但租得起（$RI_{it} < 1-e_{it}-AT_{it}$）	福州、西宁	太原、杭州、厦门	太原、杭州、合肥、武汉、宁波、厦门、深圳	太原、杭州、合肥、武汉、宁波、厦门、深圳	太原、杭州、合肥、武汉、宁波、厦门、深圳
买得起（$PI_{it} < \frac{1-e_{it}-AT_{it}}{uc_{it}}$），但租不起（$RI_{it} \geq 1-e_{it}-AT_{it}$）	北京、哈尔滨	哈尔滨	哈尔滨	无	无

续表

年份 联合分布	2014 年	2015 年	2016 年	2017 年	2018 年
既买不起（$PI_{it} \geq \dfrac{1-e_{it}-AT_{it}}{uc_{it}}$），又租不起（$RI_{it} \geq 1-e_{it}-AT_{it}$）	上海	无	无	无	无

三 非理性预期下中国35个大中城市住房可支付指数联合分布

（一）3年预期房价增长率下中国35个大中城市住房可支付指数联合分布

1.3年预期房价增长率下2000—2018年中国35个大中城市住房负担不起联合分布

图5-3和表5-4显示，按照本书住房负担不起标准，3年房价增长率移动平均下，2000—2018年中国35个大中城市中等收入者既有买不起也有租不起情形。早期多数城市中等收入者买得起又租得起，部分城市中等收入者买不起但租得起，个别城市中等收入者买得起但租不起，个别城市中等收入者既买不起又租不起。近期多数城市中等收入者买得起也租得起，少数城市中等收入者买不起但租得起。中等收入者买不起租得起的城市由2000年的15个增至2012年的24个，又减至2018年的17个。2018年北京、天津、石家庄、沈阳、哈尔滨、上海、南京、杭州、合肥、福州、武汉、海口、贵阳、昆明、西安、厦门、深圳17个城市中等收入者买不起但租得起，其余18个城市中等收入者既买得起又租得起。这表明，2018年买不起但租得起

城市由理性预期的 7 个增至 3 年房价增长率移动平均下的 17 个。可见，非理性预期较理性预期降低中等收入者房价可支付能力。因此，为解决中等收入者住房消费问题，增强中等收入者房价可支付能力，应进一步打击住房投机，使预期回归理性。

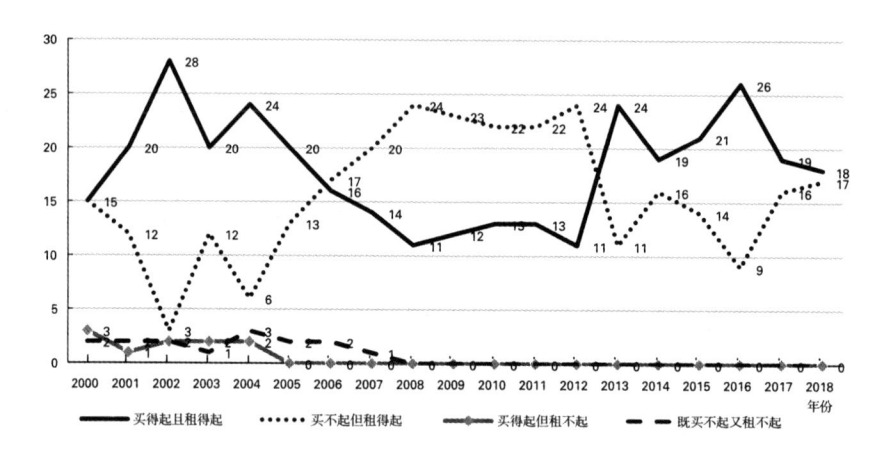

图 5-3　3 年预期房价增长率下中国 35 个大中城市住房负担不起联合分布

表 5-4　3 年预期房价增长率下 2000—2018 年中国 35 个大中城市
住房负担不起联合分布

年份 联合分布	2000	2001	2002	2003	2004
既买得起（$PI_{it} < \frac{1-e_{it}}{uc_{it}}$），又租得起（$RI_{it} < 1-e_{it}$）	石家庄、沈阳、南京、福州、南昌、济南、长沙、成都、兰州、西宁、银川、乌鲁木齐、青岛、宁波、厦门	天津、石家庄、呼和浩特、沈阳、长春、上海、南京、杭州、合肥、武汉、长沙、广州、重庆、兰州、西宁、银川、乌鲁木齐	天津、石家庄、呼和浩特、沈阳、长春、南京、杭州、合肥、南昌、济南、郑州、长沙、广州、南宁、海口、重庆、成都、贵阳、昆明	天津、石家庄、呼和浩特、沈阳、长春、上海、南昌、济南、郑州、长沙、广州、海口、重庆、成都、贵阳、西安、兰州、西宁、银川、乌鲁木齐	北京、天津、石家庄、太原、呼和浩特、沈阳、南京、合肥、福州、济南、郑州、长沙、广州、海口、重庆、成都、贵阳、兰州

续表

年份 联合分布	2000	2001	2002	2003	2004
		青岛、宁波、深圳	西安、兰州、西宁、银川、乌鲁木齐、青岛、宁波、厦门、深圳	青岛	西宁、银川、乌鲁木齐、青岛、厦门、深圳
买不起（$PI_{it} \geq \frac{1-e_{it}}{uc_{it}}$），但租得起（$RI_{it} < 1-e_{it}$）	北京、天津、太原、呼和浩特、长春、上海、合肥、郑州、武汉、广州、南宁、贵阳、昆明、西安、深圳	太原、福州、南昌、济南、郑州、南宁、海口、成都、贵阳、昆明、西安、厦门	北京、太原、上海	北京、太原、沈阳、南京、杭州、合肥、福州、南宁、昆明、宁波、厦门、深圳	长春、上海、杭州、南昌、西安、宁波
买得起（$PI_{it} < \frac{1-e_{it}}{uc_{it}}$），但租不起（$RI_{it} \geq 1-e_{it}$）	杭州、海口、重庆	大连	哈尔滨、大连	哈尔滨、武汉	哈尔滨、武汉
既买不起（$PI_{it} \geq \frac{1-e_{it}}{uc_{it}}$），又租不起（$RI_{it} \geq 1-e_{it}$）	哈尔滨、大连	北京、哈尔滨	福州、武汉	大连	南宁、昆明、大连

续表

年份 联合分布	2005	2006	2007	2008	2009
既买得起（$PI_{it} < \frac{1-e_{it}}{uc_{it}}$），又租得起（$RI_{it} < 1-e_{it}$）	天津、太原、呼和浩特、哈尔滨、南京、合肥、福州、武汉、长沙、广州、海口、成都、贵阳、西安、兰州、西宁、银川、乌鲁木齐、大连、深圳	石家庄、呼和浩特、沈阳、长春、哈尔滨、南京、郑州、长沙、广州、海口、贵阳、西宁、银川、乌鲁木齐、深圳大连	石家庄、太原、沈阳、长春、哈尔滨、上海、郑州、长沙、海口、贵阳、昆明、西宁、银川、乌鲁木齐	沈阳、哈尔滨、上海、合肥、南昌、济南、南宁、西安、兰州、银川、乌鲁木齐	天津、太原、沈阳、南京、合肥、南昌、济南、重庆、昆明、西安、兰州、银川
买不起（$PI_{it} \geqslant \frac{1-e_{it}}{uc_{it}}$），但租得起（$RI_{it} < 1-e_{it}$）	北京、石家庄、沈阳、长春、上海、杭州、南昌、济南、郑州、重庆、青岛、宁波、厦门	北京、天津、太原、上海、杭州、合肥、福州、南昌、济南、武汉、重庆、成都、西安、兰州、青岛、宁波、厦门	北京、天津、呼和浩特、南京、杭州、合肥、福州、南昌、济南、武汉、广州、重庆、成都、西安、兰州、大连、青岛、宁波、厦门、深圳	北京、天津、石家庄、太原、呼和浩特、长春、南京、杭州、福州、郑州、武汉、长沙、广州、海口、重庆、成都、贵阳、昆明、西宁、大连、青岛、宁波、厦门、深圳	北京、石家庄、呼和浩特、长春、哈尔滨、上海、杭州、福州、郑州、武汉、长沙、广州、南宁、海口、成都、贵阳、西宁、乌鲁木齐、大连、青岛、宁波、厦门、深圳

续表

联合分布＼年份	2005	2006	2007	2008	2009
买得起（$PI_{it} < \frac{1-e_{it}}{uc_{it}}$），但租不起（$RI_{it} \geq 1-e_{it}$）	无	无	无	无	无
既买不起（$PI_{it} \geq \frac{1-e_{it}}{uc_{it}}$），又租不起（$RI_{it} \geq 1-e_{it}$）	南宁、昆明	南宁、昆明	南宁	无	无

联合分布＼年份	2010	2011	2012	2013	2014
既买得起（$PI_{it} < \frac{1-e_{it}}{uc_{it}}$），又租得起（$RI_{it} < 1-e_{it}$）	天津、太原、沈阳、合肥、南昌、济南、成都、昆明、西安、兰州、西宁、银川、厦门	南昌、郑州、武汉、长沙、广州、成都、昆明、西安、兰州、西宁、大连、青岛、厦门	北京、沈阳、郑州、武汉、广州、南宁、成都、昆明、兰州、西宁、大连	天津、石家庄、呼和浩特、哈尔滨、南京、杭州、合肥、济南、郑州、武汉、广州、南宁、海口、重庆、成都、贵阳、银川、大连、青岛、宁波、厦门、深圳	石家庄、呼和浩特、沈阳、长春、南京、福州、济南、郑州、武汉、长沙、广州、南宁、重庆、兰州、西宁、银川、乌鲁木齐、大连、青岛

续表

联合分布\年份	2010	2011	2012	2013	2014
买不起（$PI_{it} \geq \dfrac{1-e_{it}}{uc_{it}}$），但租得起（$RI_{it} < 1-e_{it}$）	北京、石家庄、呼和浩特、长春、哈尔滨、上海、南京、杭州、福州、郑州、武汉、长沙、广州、南宁、海口、重庆、贵阳、乌鲁木齐、大连、青岛、宁波、深圳	北京、天津、石家庄、太原、呼和浩特、沈阳、长春、哈尔滨、上海、南京、杭州、合肥、福州、济南、南宁、海口、重庆、贵阳、银川、乌鲁木齐、宁波、深圳	天津、石家庄、太原、呼和浩特、长春、哈尔滨、上海、南京、杭州、合肥、福州、南昌、济南、长沙、海口、重庆、贵阳、西安、银川、乌鲁木齐、青岛、宁波、厦门、深圳	北京、太原、沈阳、长春、上海、福州、南昌、长沙、昆明、西安、兰州、西宁、乌鲁木齐	北京、天津、太原、哈尔滨、上海、杭州、合肥、南昌、海口、成都、贵阳、昆明、西安、宁波、厦门、深圳
买得起（$PI_{it} < \dfrac{1-e_{it}}{uc_{it}}$），但租不起（$RI_{it} \geq 1-e_{it}$）	无	无	无	无	无
既买不起（$PI_{it} \geq \dfrac{1-e_{it}}{uc_{it}}$），又租不起（$RI_{it} \geq 1-e_{it}$）	无	无	无	无	无

续表

联合分布 \ 年份	2015	2016	2017	2018
既买得起（$PI_{it} < \dfrac{1-e_{it}}{uc_{it}}$），又租得起（$RI_{it} < 1-e_{it}$）	石家庄、呼和浩特、沈阳、哈尔滨、南京、合肥、南昌、广州、南宁、海口、重庆、贵阳、昆明、西安、兰州、西宁、银川、乌鲁木齐、大连、青岛、厦门	北京、天津、太原、呼和浩特、沈阳、长春、哈尔滨、合肥、南昌、济南、郑州、武汉、长沙、广州、南宁、海口、重庆、贵阳、昆明、西安、兰州、西宁、银川、乌鲁木齐、大连、青岛	太原、呼和浩特、沈阳、长春、南昌、济南、郑州、长沙、广州、南宁、海口、贵阳、昆明、兰州、西宁、银川、乌鲁木齐、大连、青岛	太原、呼和浩特、长春、南昌、济南、郑州、长沙、广州、南宁、重庆、成都、兰州、西宁、银川、乌鲁木齐、大连、青岛、宁波
买不起（$PI_{it} \geq \dfrac{1-e_{it}}{uc_{it}}$），但租得起（$RI_{it} < 1-e_{it}$）	北京、天津、太原、长春、上海、杭州、福州、济南、郑州、武汉、长沙、成都、宁波、深圳	石家庄、上海、南京、杭州、福州、成都、宁波、厦门、深圳	北京、天津、石家庄、哈尔滨、上海、南京、杭州、合肥、福州、武汉、重庆、成都、西安、宁波、厦门、深圳	北京、天津、石家庄、沈阳、哈尔滨、上海、南京、杭州、合肥、福州、武汉、海口、贵阳、昆明、西安、厦门、深圳
买得起（$PI_{it} < \dfrac{1-e_{it}}{uc_{it}}$），但租不起（$RI_{it} \geq 1-e_{it}$）	无	无	无	无
既买不起（$PI_{it} \geq \dfrac{1-e_{it}}{uc_{it}}$），又租不起（$RI_{it} \geq 1-e_{it}$）	无	无	无	无

2. 3年预期房价增长率下2000—2018年中国35个大中城市住房严重支付困难联合分布

图5-4和表5-5显示，按照本书住房严重支付困难标准，3年房价增长率移动平均下，2000—2018年中国35个大中城市中等收入者既有买不起也有租不起情形。早期多数城市中等收入者既买不起房又租不起，少数城市中等收入者存在"既买得起又租得起""买得起但租不起""买不起但租得起"情形。近年来，部分城市中等收入者存在"买不起但租得起"以及"既买得起又租得起"情形。"买得起但租不起"以及"既买不起又租不起"的城市近期逐年减少，2017—2018年中国35个大中城市中等收入者均租得起。

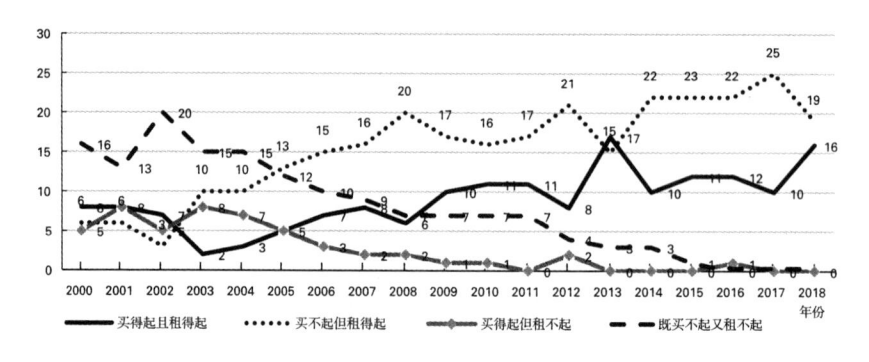

图5-4 3年预期房价增长率下2000—2018年中国35个大中城市住房
严重支付困难联合分布

2018年北京、天津、石家庄、沈阳、哈尔滨、上海、南京、杭州、合肥、福州、武汉、广州、海口、贵阳、昆明、西安、大连、厦门、深圳19个城市中等收入者买不起但租得起，其余16个城市中等收入者既买得起又租得起。这表明，2018年中等收入者"买不起但租得起"城市由理性预期的7个增至3年房价增长率移动平均下的19

个。可见，非理性预期较理性预期降低中等收入者房价可支付能力，增加住房支付困难。

表5-5　3年预期房价增长率下2000—2018年中国35个大中城市住房严重支付困难联合分布

年份 联合分布	2000年	2001年	2002年	2003年	2004年
既买得起（$PI_{it} < \frac{1-e_{it}-AT_{it}}{uc_{it}}$），又租得起（$RI_{it} < 1-e_{it}-AT_{it}$）	石家庄、南昌、济南、长沙、成都、银川、乌鲁木齐、宁波	石家庄、呼和浩特、广州、兰州、西宁、银川、乌鲁木齐、宁波	石家庄、沈阳、济南、长沙、成都、银川、宁波	济南、成都	济南、长沙、西宁
买不起（$PI_{it} \geq \frac{1-e_{it}-AT_{it}}{uc_{it}}$），但租得起（$RI_{it} < 1-e_{it}-AT_{it}$）	太原、呼和浩特、郑州、广州、昆明、西宁	合肥、南昌、济南、长沙、成都、深圳	广州、乌鲁木齐、深圳	石家庄、呼和浩特、沈阳、郑州、长沙、广州、西安、乌鲁木齐、宁波、深圳	石家庄、呼和浩特、沈阳、合肥、郑州、广州、西安、乌鲁木齐、宁波、深圳
买得起（$PI_{it} < \frac{1-e_{it}-AT_{it}}{uc_{it}}$），但租不起（$RI_{it} \geq 1-e_{it}-AT_{it}$）	沈阳、南京、杭州、兰州、青岛	天津、沈阳、长春、上海、南京、杭州、武汉、大连	长春、杭州、贵阳、西安、兰州	天津、上海、南昌、武汉、重庆、贵阳、银川、青岛	太原、武汉、重庆、成都、贵阳、青岛、厦门

续表

年份 联合分布	2000	2001	2002	2003	2004
既买不起（$PI_{it} \geq \frac{1-e_{it}-AT_{it}}{uc_{it}}$），又租不起（$RI_{it} \geq 1-e_{it}-AT_{it}$）	北京、天津、长春、哈尔滨、上海、合肥、福州、武汉、南宁、海口、重庆、贵阳、西安、大连、厦门、深圳	北京、太原、哈尔滨、福州、郑州、南宁、海口、重庆、贵阳、昆明、西安、青岛、厦门	北京、天津、太原、呼和浩特、哈尔滨、上海、南京、合肥、福州、南昌、郑州、武汉、南宁、海口、重庆、昆明、西宁、大连、青岛、厦门	北京、太原、长春、哈尔滨、南京、杭州、合肥、福州、南宁、海口、昆明、兰州、西宁、大连、厦门	北京、天津、长春、哈尔滨、上海、南京、杭州、福州、南昌、海口、昆明、兰州、银川、大连

年份 联合分布	2005	2006	2007	2008	2009
既买得起（$PI_{it} < \frac{1-e_{it}-AT_{it}}{uc_{it}}$），又租得起（$RI_{it} < 1-e_{it}-AT_{it}$）	呼和浩特、贵阳、西安、兰州、西宁	呼和浩特、南京、郑州、长沙、广州、贵阳、西宁	石家庄、太原、长春、郑州、长沙、贵阳、西宁、银川	合肥、南昌、济南、西安、兰州、乌鲁木齐	银川、兰州、西安、重庆、济南、南昌、南京、沈阳、太原、天津
买不起（$PI_{it} \geq \frac{1-e_{it}-AT_{it}}{uc_{it}}$），但租得起（$RI_{it} < 1-e_{it}-AT_{it}$）	石家庄、沈阳、南昌、济南、广州、重庆、银川、乌鲁木齐、青岛、宁波、厦门	石家庄、太原、沈阳、长春、福州、南昌、济南、重庆、西安、兰州、银川、乌鲁木齐、青岛、宁波、厦门	天津、呼和浩特、沈阳、南京、合肥、福州、济南、广州、重庆、西安、兰州、乌鲁木齐、青岛、宁波、厦门	天津、石家庄、太原、呼和浩特、沈阳、长春、南京、福州、郑州、长沙、广州、海口、重庆、成都、贵阳、西宁、银川、青岛、宁波、厦门	石家庄、呼和浩特、长春、合肥、福州、郑州、长沙、广州、海口、成都、贵阳、西宁、乌鲁木齐、青岛、宁波、厦门、深圳

续表

年份 联合分布	2005	2006	2007	2008	2009
买得起（$PI_{it} < \dfrac{1-e_{it}-AT_{it}}{uc_{it}}$），但租不起（$RI_{it} \geq 1-e_{it}-AT_{it}$）	天津、太原、合肥、武汉、成都、长沙	海口、大连、深圳	上海、海口	哈尔滨、上海	昆明
既买不起（$PI_{it} \geq \dfrac{1-e_{it}-AT_{it}}{uc_{it}}$），又租不起（$RI_{it} \geq 1-e_{it}-AT_{it}$）	北京、长春、哈尔滨、上海、南京、杭州、福州、南宁、海口、昆明、大连、深圳、郑州	北京、天津、哈尔滨、上海、杭州、合肥、武汉、南宁、成都、昆明	北京、哈尔滨、杭州、武汉、南宁、成都、昆明、大连、深圳	北京、杭州、武汉、南宁、昆明、大连、深圳	北京、哈尔滨、上海、杭州、武汉、南宁、大连

年份 联合分布	2010	2011	2012	2013	2014
既买得起（$PI_{it} < \dfrac{1-e_{it}-AT_{it}}{uc_{it}}$），又租得起（$RI_{it} < 1-e_{it}-AT_{it}$）	天津、太原、沈阳、合肥、济南、成都、西安、兰州、西宁、银川、厦门	南昌、郑州、长沙、广州、成都、西安、兰州、西宁、大连、青岛、厦门	沈阳、郑州、武汉、广州、南宁、成都、兰州、大连	石家庄、呼和浩特、沈阳、长春、南京、合肥、济南、郑州、武汉、广州、海口、重庆、成都、贵阳、银川、青岛、厦门	石家庄、呼和浩特、郑州、武汉、长沙、重庆、兰州、西宁、银川、乌鲁木齐

续表

年份 联合分布	2010	2011	2012	2013	2014
买不起（$PI_{it} \geq \dfrac{1-e_{it}-AT_{it}}{uc_{it}}$），但租得起（$RI_{it} < 1-e_{it}-AT_{it}$）	石家庄、呼和浩特、长春、南京、福州、南昌、郑州、武汉、长沙、广州、重庆、贵阳、乌鲁木齐、青岛、宁波、深圳	天津、石家庄、太原、呼和浩特、沈阳、长春、南京、合肥、福州、济南、武汉、重庆、贵阳、银川、乌鲁木齐、宁波、深圳	天津、石家庄、太原、呼和浩特、长春、南京、合肥、福州、南昌、济南、长沙、重庆、贵阳、西安、西宁、银川、乌鲁木齐、青岛、宁波、厦门、深圳	天津、太原、杭州、福州、南昌、长沙、南宁、昆明、西安、兰州、西宁、乌鲁木齐、大连、宁波、深圳	天津、太原、沈阳、长春、杭州、合肥、福州、南昌、济南、广州、南宁、海口、成都、贵阳、昆明、西安、大连、青岛、宁波、厦门、深圳、南京
买得起（$PI_{it} < \dfrac{1-e_{it}-AT_{it}}{uc_{it}}$），但租不起（$RI_{it} \geq 1-e_{it}-AT_{it}$）	昆明	无	北京、昆明	无	无
既买不起（$PI_{it} \geq \dfrac{1-e_{it}-AT_{it}}{uc_{it}}$），又租不起（$RI_{it} \geq 1-e_{it}-AT_{it}$）	北京、哈尔滨、上海、杭州、南宁、海口、大连	北京、哈尔滨、上海、杭州、南宁、海口、昆明	哈尔滨、上海、杭州、海口	北京、哈尔滨、上海	北京、哈尔滨、上海

续表

联合分布 \ 年份	2015	2016	2017	2018
既买得起（$PI_{it} < \dfrac{1-e_{it}-AT_{it}}{uc_{it}}$），又租得起（$RI_{it} < 1 - e_{it} - AT_{it}$）	石家庄、呼和浩特、合肥、南昌、南京、广州、南宁、昆明、兰州、西宁、乌鲁木齐	北京、天津、呼和浩特、长春、合肥、南昌、郑州、武汉、昆明、银川、乌鲁木齐、大连	呼和浩特、沈阳、南昌、济南、郑州、贵阳、昆明、西宁、银川、大连	太原、呼和浩特、长春、南昌、济南、郑州、长沙、南宁、重庆、成都、兰州、西宁、银川、乌鲁木齐、青岛、宁波
买不起（$PI_{it} \geq \dfrac{1-e_{it}-AT_{it}}{uc_{it}}$），但租得起（$RI_{it} < 1 - e_{it} - AT_{it}$）	北京、天津、太原、沈阳、长春、上海、杭州、福州、济南、郑州、武汉、长沙、海口、重庆、成都、贵阳、西安、银川、大连、宁波、青岛、厦门、深圳	石家庄、太原、沈阳、上海、南京、杭州、福州、济南、长沙、广州、南宁、海口、重庆、成都、贵阳、西安、兰州、西宁、青岛、宁波、厦门、深圳	北京、天津、石家庄、太原、长春、哈尔滨、上海、南京、杭州、合肥、福州、武汉、长沙、广州、南宁、海口、重庆、成都、西安、兰州、乌鲁木齐、青岛、宁波、厦门、深圳	北京、天津、石家庄、沈阳、哈尔滨、上海、南京、杭州、合肥、福州、武汉、广州、海口、贵阳、昆明、西安、大连、厦门、深圳
买得起（$PI_{it} < \dfrac{1-e_{it}-AT_{it}}{uc_{it}}$），但租不起（$RI_{it} \geq 1 - e_{it} - AT_{it}$）	无	哈尔滨	无	无
既买不起（$PI_{it} \geq \dfrac{1-e_{it}-AT_{it}}{uc_{it}}$），又租不起（$RI_{it} \geq 1 - e_{it} - AT_{it}$）	哈尔滨	无	无	无

（二）5年预期房价增长率下中国35个大中城市住房可支付指数联合分布

1. 5年预期房价增长率下2002—2018年中国35个大中城市住房负担不起数联合分布

图5-5和表5-6显示，按照本书住房负担不起标准，5年房价增长率移动平均下住房负担不起联合分布与3年房价增长率移动平均相似。2002—2018年中国35个大中城市中等收入者既有买不起也有租不起，大部分城市中等收入者买得起又租得起，部分城市中等收入者买不起但租得起，少数城市中等收入者存在"买得起但租不起"以及"买不起又租不起"情形。2008—2018年，中国35个大中城市中等收入者无租不起城市，买不起但租得起的城市逐年减少，由2002年的8个增至2011年的29个，又减至2018年的11个。2018年北京、天津、石家庄、上海、南京、合肥、福州、海口、宁波、厦门、深圳11个城市中等收入者买不起但租得起。

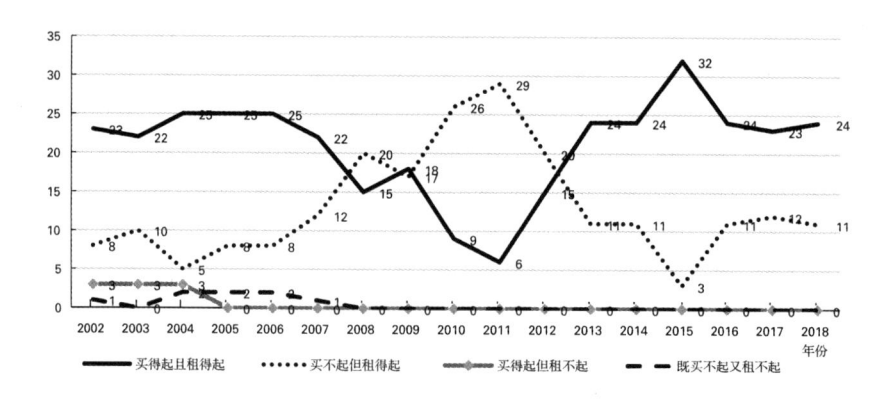

图5-5 5年预期房价增长率下中国35个大中城市住房负担不起联合分布

表5-6　5年预期房价增长率下2002—2018年中国35个大中城市住房负担不起联合分布

联合分布 \ 年份	2002	2003	2004	2005
既买得起（$PI_{it} < \dfrac{1-e_{it}}{uc_{it}}$），又租得起（$RI_{it} < 1-e_{it}$）	天津、石家庄、呼和浩特、沈阳、长春、南京、杭州、南昌、济南、长沙、广州、海口、重庆、成都、贵阳、兰州、西宁、银川、乌鲁木齐、青岛、宁波、厦门、深圳	天津、石家庄、呼和浩特、沈阳、长春、上海、南京、杭州、长沙、广州、重庆、成都、贵阳、西安、兰州、西宁、银川、乌鲁木齐、青岛、宁波、厦门、深圳	天津、石家庄、呼和浩特、沈阳、长春、上海、南京、合肥、南昌、济南、郑州、长沙、广州、海口、重庆、成都、贵阳、西安、兰州、西宁、银川、乌鲁木齐、青岛、宁波、厦门	天津、石家庄、呼和浩特、长春、哈尔滨、南京、合肥、福州、济南、武汉、长沙、广州、海口、重庆、成都、贵阳、西安、兰州、西宁、银川、乌鲁木齐、大连、青岛、厦门、深圳
买不起（$PI_{it} \geq \dfrac{1-e_{it}}{uc_{it}}$），但租得起（$RI_{it} < 1-e_{it}$）	北京、太原、上海、合肥、郑州、南宁、昆明、西安	北京、太原、合肥、福州、南昌、济南、郑州、南宁、海口、昆明	北京、太原、杭州、福州、深圳	北京、太原、沈阳、上海、杭州、南昌、郑州、宁波
买得起（$PI_{it} < \dfrac{1-e_{it}}{uc_{it}}$），但租不起（$RI_{it} \geq 1-e_{it}$）	哈尔滨、福州、大连	哈尔滨、武汉、大连	哈尔滨、武汉、大连	无
既买不起（$PI_{it} \geq \dfrac{1-e_{it}}{uc_{it}}$），又租不起（$RI_{it} \geq 1-e_{it}$）	武汉	无	南宁、昆明	南宁、昆明

续表

年份 联合分布	2006	2007	2008	2009
既买得起（$PI_{it} < \frac{1-e_{it}}{uc_{it}}$），又租得起（$RI_{it} < 1-e_{it}$）	北京、石家庄、太原、呼和浩特、沈阳、长春、哈尔滨、南京、合肥、福州、济南、郑州、武汉、长沙、广州、海口、成都、贵阳、西安、兰州、西宁、银川、乌鲁木齐、大连、深圳	北京、石家庄、太原、呼和浩特、沈阳、哈尔滨、南京、合肥、济南、郑州、武汉、长沙、广州、海口、贵阳、西安、兰州、西宁、银川、乌鲁木齐、大连、深圳	石家庄、太原、沈阳、长春、哈尔滨、南京、济南、郑州、南宁、海口、贵阳、西安、西宁、银川、乌鲁木齐	石家庄、太原、沈阳、长春、哈尔滨、上海、南京、合肥、南昌、济南、郑州、长沙、南宁、贵阳、昆明、西宁、银川、乌鲁木齐
买不起（$PI_{it} \geq \frac{1-e_{it}}{uc_{it}}$），但租得起（$RI_{it} < 1-e_{it}$）	天津、上海、杭州、南昌、重庆、青岛、宁波、厦门	天津、长春、上海、杭州、福州、南昌、重庆、成都、昆明、青岛、宁波、厦门	北京、天津、呼和浩特、上海、杭州、合肥、福州、南昌、武汉、长沙、广州、重庆、成都、昆明、兰州、大连、青岛、宁波、厦门、深圳	北京、天津、呼和浩特、杭州、福州、武汉、广州、海口、重庆、成都、西安、兰州、大连、青岛、宁波、厦门、深圳
买得起（$PI_{it} < \frac{1-e_{it}}{uc_{it}}$），但租不起（$RI_{it} \geq 1-e_{it}$）	无	无	无	无
既买不起（$PI_{it} \geq \frac{1-e_{it}}{uc_{it}}$），又租不起（$RI_{it} \geq 1-e_{it}$）	南宁、昆明	南宁	无	无

续表

联合分布 \ 年份	2010	2011	2012	2013
既买得起（$PI_{it} < \dfrac{1-e_{it}}{uc_{it}}$），又租得起（$RI_{it} < 1-e_{it}$）	沈阳、南昌、济南、南宁、昆明、西安、兰州、西宁、银川	沈阳、南昌、昆明、西安、兰州、西宁	天津、呼和浩特、沈阳、南昌、郑州、武汉、广州、南宁、成都、昆明、西安、兰州、西宁、银川、大连	北京、天津、沈阳、长春、哈尔滨、上海、合肥、南昌、济南、郑州、武汉、长沙、广州、南宁、重庆、成都、贵阳、昆明、兰州、西宁、银川、大连、青岛、厦门
买不起（$PI_{it} \geq \dfrac{1-e_{it}}{uc_{it}}$），但租得起（$RI_{it} < 1-e_{it}$）	北京、天津、石家庄、太原、呼和浩特、长春、哈尔滨、上海、南京、杭州、合肥、福州、郑州、武汉、长沙、广州、海口、重庆、成都、贵阳、乌鲁木齐、大连、青岛、宁波、厦门、深圳	北京、天津、石家庄、太原、呼和浩特、长春、哈尔滨、上海、南京、杭州、合肥、福州、济南、郑州、武汉、长沙、广州、南宁、海口、重庆、成都、贵阳、银川、乌鲁木齐、大连、青岛、宁波、厦门、深圳	北京、石家庄、太原、长春、哈尔滨、上海、南京、杭州、合肥、福州、济南、长沙、海口、重庆、贵阳、乌鲁木齐、青岛、宁波、厦门、深圳	石家庄、太原、呼和浩特、南京、杭州、福州、海口、西安、乌鲁木齐、宁波、深圳
买得起（$PI_{it} < \dfrac{1-e_{it}}{uc_{it}}$），但租不起（$RI_{it} \geq 1-e_{it}$）	无	无	无	无

续表

年份 联合分布	2010	2011	2012	2013
既买不起（$PI_{it} \geq \frac{1-e_{it}}{uc_{it}}$），又租不起（$RI_{it} \geq 1-e_{it}$）	无	无	无	无

年份 联合分布	2014	2015	2016	2017
既买得起（$PI_{it} < \frac{1-e_{it}}{uc_{it}}$），又租得起（$RI_{it} < 1-e_{it}$）	北京、天津、沈阳、长春、哈尔滨、合肥、济南、郑州、武汉、长沙、广州、南宁、海口、成都、贵阳、昆明、西安、兰州、西宁、银川、大连、青岛、宁波、厦门	北京、天津、石家庄、太原、呼和浩特、沈阳、长春、哈尔滨、南京、杭州、合肥、福州、南昌、济南、郑州、武汉、长沙、广州、南宁、海口、重庆、成都、贵阳、昆明、西安、兰州、西宁、银川、乌鲁木齐、大连、青岛、深圳	呼和浩特、沈阳、长春、哈尔滨、上海、合肥、福州、南昌、济南、郑州、武汉、长沙、广州、南宁、重庆、贵阳、西安、兰州、西宁、银川、乌鲁木齐、大连、青岛、厦门	天津、呼和浩特、沈阳、长春、哈尔滨、合肥、南昌、济南、武汉、长沙、广州、南宁、海口、重庆、贵阳、昆明、西安、兰州、西宁、银川、乌鲁木齐、大连、青岛
买不起（$PI_{it} \geq \frac{1-e_{it}}{uc_{it}}$），但租得起（$RI_{it} < 1-e_{it}$）	石家庄、太原、呼和浩特、上海、南京、杭州、福州、南昌、重庆、乌鲁木齐、深圳	上海、宁波、厦门	北京、天津、石家庄、太原、南京、杭州、海口、成都、昆明、宁波、深圳	北京、石家庄、太原、上海、南京、杭州、福州、郑州、成都、宁波、厦门、深圳
买得起（$PI_{it} < \frac{1-e_{it}}{uc_{it}}$），但租不起（$RI_{it} \geq 1-e_{it}$）	无	无	无	无

续表

年份 联合分布	2014	2015	2016	2017
既买不起（$PI_{it} \geq \frac{1-e_{it}}{uc_{it}}$），又租不起（$RI_{it} \geq 1-e_{it}$）	无	无	无	无

年份 联合分布	2018
既买得起（$PI_{it} < \frac{1-e_{it}}{uc_{it}}$），又租得起（$RI_{it} < 1-e_{it}$）	太原、呼和浩特、沈阳、长春、哈尔滨、杭州、南昌、济南、郑州、武汉、长沙、广州、南宁、重庆、成都、贵阳、昆明、西安、兰州、西宁、银川、乌鲁木齐、大连、青岛
买不起（$PI_{it} \geq \frac{1-e_{it}}{uc_{it}}$），但租得起（$RI_{it} < 1-e_{it}$）	北京、天津、石家庄、上海、南京、合肥、福州、海口、宁波、厦门、深圳
买得起（$PI_{it} < \frac{1-e_{it}}{uc_{it}}$），但租不起（$RI_{it} \geq 1-e_{it}$）	无
既买不起（$PI_{it} \geq \frac{1-e_{it}}{uc_{it}}$），又租不起（$RI_{it} \geq 1-e_{it}$）	无

2. 5 年预期房价增长率下 2002—2018 年中国 35 个大中城市住房严重支付困难联合分布

图 5-6 和表 5-7 显示，按照本书住房严重支付困难标准，5 年房价增长率移动平均下，2002—2016 年，中国 35 个大中城市既有买不起也有租不起的城市。早期多数城市中等收入者既买不起又租不起，少数城市中等收入者存在"买得起但租不起""买不起但租得起""买得起又租得起"情形。近期多数城市中等收入者既买得起又租得起，部分城市中等收入者买不起但租得起。中等收入者买不起但租得起城市由 2002 年的 1 个增至 2011 年的 23 个，又减至 2018 年的 12 个。2018 年北京、天津、石家庄、上海、南京、合肥、福州、海口、成都、宁波、厦门、深圳 12 个城市中等收入者均买不起但租得起，其余 23 个大中城市中等收入者均买得起又租得起。

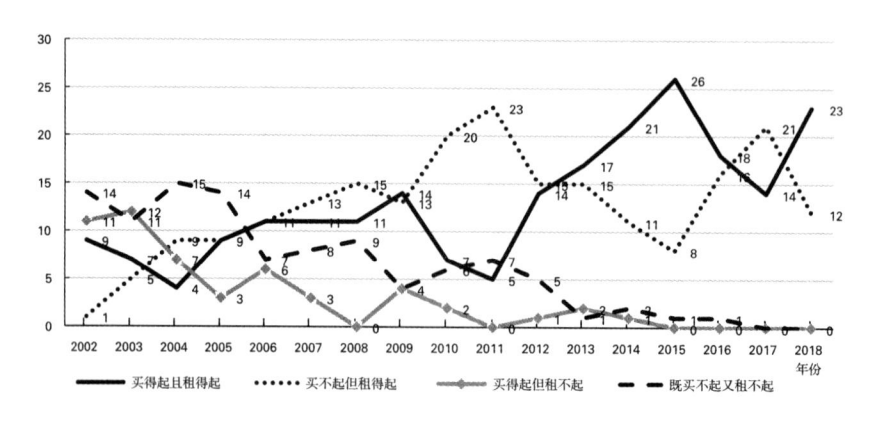

图 5-6 5 年预期房价增长率下中国 35 个大中城市住房严重支付困难联合分布

表 5-7 5 年预期房价增长率下 2002—2018 年中国 35 个大中城市
住房严重支付困难联合分布

年份 联合分布	2002	2003	2004	2005
既买得起（$PI_{it} < \dfrac{1-e_{it}-AT_{it}}{uc_{it}}$），又租得起（$RI_{it} < 1 - e_{it} - AT_{it}$）	石家庄、沈阳、济南、长沙、广州、成都、银川、乌鲁木齐、宁波	呼和浩特、沈阳、广州、成都、西安、乌鲁木齐、宁波	济南、长沙、西宁、宁波	呼和浩特、济南、重庆、贵阳、西安、兰州、西宁、青岛、厦门
买不起（$PI_{it} \geq \dfrac{1-e_{it}-AT_{it}}{uc_{it}}$），但租得起（$RI_{it} < 1 - e_{it} - AT_{it}$）	深圳	石家庄、济南、郑州、长沙、深圳	石家庄、呼和浩特、沈阳、合肥、郑州、广州、西安、乌鲁木齐、深圳	石家庄、沈阳、南昌、郑州、长沙、广州、银川、乌鲁木齐、宁波
买得起（$PI_{it} < \dfrac{1-e_{it}-AT_{it}}{uc_{it}}$），但租不起（$RI_{it} \geq 1 - e_{it} - AT_{it}$）	呼和浩特、长春、哈尔滨、南京、杭州、南昌、重庆、贵阳、兰州、大连、青岛	天津、长春、哈尔滨、上海、南京、杭州、武汉、重庆、贵阳、银川、大连、青岛	上海、南昌、武汉、重庆、成都、贵阳、青岛	天津、武汉、成都
既买不起（$PI_{it} \geq \dfrac{1-e_{it}-AT_{it}}{uc_{it}}$），又租不起（$RI_{it} \geq 1 - e_{it} - AT_{it}$）	北京、天津、太原、上海、合肥、福州、郑州、武汉、南宁、海口、昆明、西安、西宁、厦门	北京、太原、合肥、福州、南昌、南宁、海口、昆明、兰州、西宁、厦门	北京、天津、太原、长春、哈尔滨、南京、杭州、福州、南宁、海口、昆明、兰州、银川、大连、厦门	北京、太原、长春、哈尔滨、上海、南京、杭州、合肥、福州、南宁、海口、昆明、大连、深圳

年份 联合分布	2006	2007	2008	2009
既买得起（$PI_{it} < \dfrac{1-e_{it}-AT_{it}}{uc_{it}}$），又租得起（$RI_{it} < 1 - e_{it} - AT_{it}$）	太原、呼和浩特、南京、福州、济南、长沙、广州、贵阳、西安、兰州、西宁	太原、呼和浩特、南京、合肥、济南、长沙、广州、贵阳、西安、兰州、西宁	石家庄、太原、长春、南京、济南、郑州、海口、贵阳、西安、西宁、乌鲁木齐	石家庄、太原、沈阳、长春、南京、合肥、南昌、济南、郑州、长沙、贵阳、西宁、银川、乌鲁木齐

续表

年份 联合分布	2006	2007	2008	2009
买不起（$PI_{it} \geq \dfrac{1-e_{it}-AT_{it}}{uc_{it}}$），但租得起（$RI_{it} < 1-e_{it}-AT_{it}$）	石家庄、沈阳、长春、南昌、郑州、重庆、银川、乌鲁木齐、青岛、宁波、厦门	天津、石家庄、沈阳、长春、福州、南昌、郑州、重庆、银川、乌鲁木齐、青岛、宁波、厦门	天津、呼和浩特、沈阳、合肥、福州、南昌、长沙、广州、重庆、成都、兰州、银川、青岛、宁波、厦门	天津、呼和浩特、福州、广州、海口、重庆、成都、西安、兰州、青岛、宁波、厦门、深圳
买得起（$PI_{it} < \dfrac{1-e_{it}-AT_{it}}{uc_{it}}$），但租不起（$RI_{it} \geq 1-e_{it}-AT_{it}$）	北京、合肥、武汉、海口、成都、大连	北京、武汉、大连	无	哈尔滨、上海、南宁、昆明
既买不起（$PI_{it} \geq \dfrac{1-e_{it}-AT_{it}}{uc_{it}}$），又租不起（$RI_{it} \geq 1-e_{it}-AT_{it}$）	天津、哈尔滨、上海、杭州、南宁、昆明、深圳	哈尔滨、上海、杭州、南宁、海口、成都、昆明、深圳	北京、哈尔滨、上海、杭州、武汉、南宁、昆明、大连、深圳	北京、杭州、武汉、大连

年份 联合分布	2010	2011	2012	2013
既买得起（$PI_{it} < \dfrac{1-e_{it}-AT_{it}}{uc_{it}}$），又租得起（$RI_{it} < 1-e_{it}-AT_{it}$）	沈阳、南昌、济南、西安、兰州、西宁、银川	沈阳、南昌、西安、兰州、西宁	天津、呼和浩特、沈阳、南昌、郑州、武汉、广州、南宁、成都、西安、兰州、西宁、银川、大连	沈阳、长春、合肥、南昌、济南、郑州、长沙、南宁、重庆、成都、贵阳、昆明、兰州、西宁、银川、大连、青岛

续表

联合分布 \ 年份	2010	2011	2012	2013
买不起（$PI_{it} \geq \dfrac{1-e_{it}-AT_{it}}{uc_{it}}$），但租得起（$RI_{it} < 1-e_{it}-AT_{it}$）	天津、石家庄、太原、呼和浩特、长春、南京、合肥、福州、郑州、武汉、长沙、广州、重庆、成都、贵阳、乌鲁木齐、青岛、宁波、厦门、深圳	天津、石家庄、太原、呼和浩特、长春、南京、合肥、福州、济南、郑州、武汉、长沙、广州、重庆、成都、贵阳、银川、乌鲁木齐、大连、青岛、宁波、厦门、深圳	石家庄、太原、长春、南京、合肥、福州、济南、长沙、重庆、贵阳、乌鲁木齐、青岛、宁波、厦门、深圳	天津、石家庄、太原、呼和浩特、南京、杭州、福州、武汉、广州、海口、西安、乌鲁木齐、宁波、厦门、深圳
买得起（$PI_{it} < \dfrac{1-e_{it}-AT_{it}}{uc_{it}}$），但租不起（$RI_{it} \geq 1-e_{it}-AT_{it}$）	南宁、昆明	无	昆明	哈尔滨、上海
既买不起（$PI_{it} \geq \dfrac{1-e_{it}-AT_{it}}{uc_{it}}$），又租不起（$RI_{it} \geq 1-e_{it}-AT_{it}$）	北京、哈尔滨、上海、杭州、海口、大连	北京、哈尔滨、上海、杭州、南宁、海口、昆明	北京、哈尔滨、上海、杭州、海口	北京

续表

联合分布\年份	2014	2015	2016	2017
既买得起（$PI_{it} < \dfrac{1-e_{it}-AT_{it}}{uc_{it}}$），又租得起（$RI_{it} < 1 - e_{it} - AT_{it}$）	天津、沈阳、长春、合肥、济南、郑州、武汉、长沙、广州、南宁、海口、贵阳、昆明、西安、兰州、西宁、银川、大连、青岛、宁波、厦门	石家庄、太原、呼和浩特、沈阳、长春、南京、合肥、福州、南昌、济南、郑州、武汉、长沙、广州、海口、重庆、贵阳、昆明、西安、兰州、西宁、银川、乌鲁木齐、大连、青岛、深圳	呼和浩特、沈阳、长春、上海、福州、南昌、郑州、武汉、长沙、重庆、西安、兰州、西宁、银川、乌鲁木齐、大连、青岛、厦门	天津、呼和浩特、沈阳、合肥、南昌、武汉、广州、南宁、昆明、兰州、西宁、银川、乌鲁木齐、青岛
买不起（$PI_{it} \geq \dfrac{1-e_{it}-AT_{it}}{uc_{it}}$），但租得起（$RI_{it} < 1 - e_{it} - AT_{it}$）	石家庄、太原、呼和浩特、南京、杭州、福州、南昌、重庆、成都、乌鲁木齐、深圳	北京、天津、上海、杭州、南宁、成都、宁波、厦门	北京、天津、石家庄、太原、南京、杭州、合肥、济南、广州、南宁、海口、成都、贵阳、昆明、宁波、深圳	北京、石家庄、太原、长春、哈尔滨、上海、南京、杭州、福州、济南、郑州、长沙、海口、重庆、成都、贵阳、西安、大连、宁波、厦门、深圳
买得起（$PI_{it} < \dfrac{1-e_{it}-AT_{it}}{uc_{it}}$），但租不起（$RI_{it} \geq 1 - e_{it} - AT_{it}$）	哈尔滨	无	无	无
既买不起（$PI_{it} \geq \dfrac{1-e_{it}-AT_{it}}{uc_{it}}$），又租不起（$RI_{it} \geq 1 - e_{it} - AT_{it}$）	北京、上海	哈尔滨	哈尔滨	无

续表

年份 联合分布	2018
既买得起（$PI_{it} < \dfrac{1-e_{it}-AT_{it}}{uc_{it}}$），又租得起（$RI_{it} < 1-e_{it}-AT_{it}$）	太原、呼和浩特、沈阳、长春、哈尔滨、杭州、南昌、济南、郑州、武汉、长沙、广州、南宁、重庆、贵阳、昆明、西安、兰州、西宁、银川、乌鲁木齐、大连、青岛
买不起（$PI_{it} \geq \dfrac{1-e_{it}-AT_{it}}{uc_{it}}$），但租得起（$RI_{it} < 1-e_{it}-AT_{it}$）	北京、天津、石家庄、上海、南京、合肥、福州、海口、成都、宁波、厦门、深圳
买得起（$PI_{it} < \dfrac{1-e_{it}-AT_{it}}{uc_{it}}$），但租不起（$RI_{it} \geq 1-e_{it}-AT_{it}$）	无
既买不起（$PI_{it} \geq \dfrac{1-e_{it}-AT_{it}}{uc_{it}}$），又租不起（$RI_{it} \geq 1-e_{it}-AT_{it}$）	无

四　主要结论与政策建议

（一）主要结论

为确定中等收入者是否同时具有房租和房价可支付能力，本书根据住房可支付理论边界值和产权选择理论构建房价和房租可支付指数联合分布，得出以下主要结论。

第一，理性预期下，按照本书住房负担不起标准，1998—2018年中国35个大中城市既有买不起也有租不起城市。大部分城市中等收入者既买得起也租得起，少数城市中等收入者买得起但租不起，但租不起城市逐年减少。按照本书住房严重支付困难标准，大部分城市中等收入者既买得起又租得起，部分城市某些年份租不起，少数城市个别年份买不起，但租不起房城市逐年减少，由1998年的11个城市减至2007年的1个城市。需指出的是，2017—2018年太原、杭州、合肥、武汉、宁波、厦门、深圳7个城市中等收入者买不起但租得起。

第二，中国处于经济转轨期，非理性预期较理性预期更能准确预测房价增长率。3年房价预期增长率下，无论按照本书住房负担不起标准还是住房严重支付困难标准，早期多数城市中等收入者买得起又租得起，少数城市中等收入者存在"买得起但租不起""买不起但租得起""既买不起又租不起"情形，近期多数城市中等收入者买得起也租得起，少数城市中等收入者买不起但租得起。5年房价预期增长率下住房可支付指数联合分布与3年房价预期增长率相似，且非理性预期下中等收入者买不起和租不起的城市数量多于理性预期下中等收入者买不起或租不起的城市数量。可见，非理性预期较理性预期进一步恶化中等收入者住房可支付能力，引发中等收入者住房支付危机。

第三，近些年，中国房价上涨预期使住房投资属性凸显，住房消费属性弱化，住房使用成本很小甚至为负，中等收入者房价收入比过高，房价支付能力减弱。相对房租可支付性，中等收入者房价可支付性更弱。无论住房不可支付程度还是不可支付城市数量，中等收入者房价不可支付程度大于房租不可支付程度，中等收入者房价不可支付城市数量多于房租不可支付城市数量。因此，应重点关注房价可支付问题。

（二）政策建议

根据产权选择理论，若居民既租得起又买得起，则居民既可经买房也可经租房解决住房消费；若居民租得起但买不起，则只能经租房解决住房消费；若居民买得起但租不起，则只能经买房解决住房消费；若居民既买不起也租不起，则居民负担不起住房，市场无法解决住房问题，只能政府解决。针对上述结论，本书提出如下建议。

第一，对中等收入者买不起又租不起的城市，为实现"房住不炒"的住房长效机制以及防范和化解住房风险，不仅应控制房租，而且应抑制房价，将房租和房价控制在可支付水平，同时加大保障房建设以及棚户区改造，重点解决中等收入者的住房问题。

第二，对中等收入者买不起但租得起的城市，在规范租赁市场的同时，应重点抑制房价过快上涨，严格执行限购、限贷和限价政策，严厉打击住房投机，使中等收入者由买不起变为既租得起又买得起。

第三，鉴于非理性预期较理性预期恶化中等收入者住房可支付性，中央和地方政府的住房政策应具有长期性和可持续性，坚持"房住不炒"，防止住房政策朝令夕改，使居民形成长期稳定的理性预期。

第 六 章

主要结论与政策建议

一 主要结论

准确测度住房可支付性非常困难且颇有争议。现有测度住房可支付指标包括30%居民收入指标以及3—6倍房价收入比指标。传统住房可支付指标基于经验和现实可操作性确定住房可支付标准不仅缺乏理论基础，而且不能动态反映家庭消费偏好以及收入变化。此外，住房可支付问题本质为住房消费问题而非住房投资问题，但传统住房可支付指标未将房价和房租可支付指标统一于住房消费分析框架。目前，30%的居民收入指标和3—6倍房价收入比指标是分割的，二者未统一在住房消费框架下。本书首先基于马斯洛需求层次理论确定居民消费层次和消费顺序，其次基于收入指标和贫困指标动态确定住房可支付边界值，最后基于产权选择理论将房租和房价可支付性统一在住房消费框架下，构建和编制房价可支付指数和房租可支付指数联合分布，丰富住房可支付指数体系。

根据本书住房可支付理论边界值，将中等收入者住房可支付性划分为负担不起、严重支付困难、轻度支付困难和无支付困难4个等级，并使用1998—2018年中国35个大中城市家庭支出与收入数据测算中等收入者房租收入比和房价收入比。与现有传统住房可支付指标比较分析发现，传统指标高估中等收入者住房支付困难程度，低估中等收入者住房可支付能力，这与 Kutty（2005）发现传统指标低估住房支付困难程度不同，本书住房可支付指标更能动态反映住房可支付性，更能准确测度中等收入者住房支付困难程度。

第一，按照本书住房可支付标准，1998—2018 年中国 35 个大中城市中等收入者房租收入比总体呈下降趋势，中等收入者房租可支付性逐年增强，租不起仅存在房改早期以及某些特定城市。2018 年中国 35 个大中城市中等收入者无负担不起房租城市，也无严重房租支付困难城市。2018 年哈尔滨和福州中等收入者存在房租轻度支付困难，其他 33 个大中城市中等收入者均不存在房租支付困难。

第二，按照本书住房可支付标准，1998—2018 年一线、二线和三线城市平均房租收入比呈下降趋势，中等收入者房租可支付性逐年增强。

第三，东部城市中等收入者房租收入比分布更分散，中西部城市中等收入者房租收入比分布更集中，表明东部城市中等收入者房租可支付性不平等程度高于中西部城市，应重点解决东部城市中低收入者房租可支付问题。

第四，理性预期下 1998—2018 年中国 35 个大中城市平均房价收入比总体呈上涨趋势，但只有少数城市中等收入者在个别年份存在房价严重支付困难和负担不起问题。

第五，尽管非理性预期下 2000—2018 年中国 35 个大中城市中等收入者房价支付困难程度波动较大，但非理性房价增长预期下 35 个大中城市中等收入者在不同年份均存在买不起问题。

第六，与理性预期相比，非理性预期更易引发房价预期过度乐观,导致房价收入比过高,更多城市中等收入者买不起。

第七,无论按照本书住房负担不起标准还是住房严重支付困难标准,早期多数城市中等收入者买得起又租得起,少数城市中等收入者存在"买得起但租不起""买不起但租得起""既买不起又租不起"情形,近期多数城市中等收入者买得起也租得起,少数城市中等收入者买不起但租得起。非理性预期下中等收入者买不起和租不起的城市数量多于理性预期下中等收入者买不起和租不起的城市数量,非理性预期较理性预期进一步恶化中等收入者住房可支付能力,引发中等收入者住房可支付危机。

第八,相对房租可支付性,中等收入者房价可支付性更差。无论是住房不可支付程度还是不可支付城市数量,中等收入者房价不可支付程度大于房租不可支付程度,中等收入者房价不可支付城市数量多于房租不可支付城市数量,应重点关注房价可支付问题。

二 政策建议

1998—2018 年中国 35 个大中城市中等收入者住房可支付性存在时空差异,中等收入者在某些年份存在不同程度住房支付问题,不仅相同城市某些年份存在租不起和买不起问题,而且相同年份某些城市存在租不起和买不起问题。对中等收入者既租得起又买得起的城市,中等收入者既可经买房也可经租房解决住房消费。对中等收入者租得起但买不起的城市,中等收入者只能经租房解决住房消费。对中等收入者买得起但租不起的城市,中等收入者只能经买房解决住房消费。对中等收入者既买不起也租不起的城市,中等收入者负担不起住房,无法经市场解决住房问题,只能由政府解决。为贯彻落实党的十九大提出的"房住不炒"定位，实现"住有所居"，解决居民住房问题，针对本书结论，提出如下建议。

第一，鉴于本书提出的住房支付理论边界值较传统指标更能动态反映和准确测度住房可支付性，建议采用本书提出的住房支付标准作为房价可支付标准，并与传统住房支付指标比较，以便精准施策，因城施策。

第二，对中等收入者房租支付困难的城市，为保障"住有所居"，地方政府应大力规范和发展租赁市场，减免租赁税收，支持租赁融资，降低和控制中介费用，打击"黑中介"，提供更多房源，保障租客权益。特别应重点解决农民工和刚参加工作毕业生的"新市民"住房问题。同时，继续推进公共产权住房、公租房和廉租房建设以及棚户区改造，保障最低收入者住房。对中等收入者无房租支付困难的城市，地方政府工作重点是解决最低收入者住房问题，为其提供充足的公租房和廉租房。鉴于租不起与租得起会因时因城出现，房租控制政策既不能"一刀切"，也不能长期不变，要因城因时施策。

第三，不同级别城市中等收入者均存在房价支付困难问题。因此，为增强中等收入者房价可支付性，防范住房泡沫和住房金融风险，应重点解决房价支付困难城市房价过高以及上涨速度过快问题，严格执行限购、限贷和限价政策，严厉打击住房投机。

第四，中国处于经济转轨期，经济和社会不断变革，居民难以形成长期和稳定的预期。鉴于非理性预期较理性预期恶化中等收入者住房可支付性，中央和地方政府应使从紧的住房政策具有长期性和可持续性，防止住房政策朝令夕改，使居民形成长期稳定的理性预期。对过去房价上涨过快地区，中央和当地政府应采取限购、限贷、限价、限售、提高增值税、开征资本利得税等措施，严厉打击住房投机，坚决遏制房价快速上涨势头，使居民预期回归理性，房价回归到合理水平。因此，为提升中等收入者住房购买能力，应重视"稳预期"对住房支付能力的影响，让买房者回归理性。

第五，1998—2018年中国35个大中城市中等收入者房租收入比总体呈下降趋势，房价收入比总体呈上升趋势。鉴于住房租赁市场与买卖市场内在关联性，提升住房可支付性，不仅要控制房租，而且要抑制房价，要"双管齐下"，才能标本兼治。对中等收入者买不起又租不起的城市，为建立"房住不炒"的住房长效机制以及防范和化解住房风险，不仅应控制房租，而且应抑制房价，将房租和房价控制在可支付水平，在保障最低收入者住房的同时重点解决中等收入者的住房问题。对中等收入者买不起但租得起的城市，在规范租赁市场的同时应重点抑制房价过快上涨，严格执行从紧的住房政策，严厉打击住房投机，使中等收入者由买不起变为既租得起又买得起。

参考文献

一 中文文献

程名望、张家平:《新时代背景下互联网发展与城乡居民消费差距》,《数量经济技术经济研究》2019年第7期。

况伟大:《中国存在住房支付困难吗》,《财贸经济》2010年第11期。

刘洪玉等:《房地产业同社会经济协调发展理论与政策研究》,研究报告,2003年。

石明明、江舟、周小焱:《消费升级还是消费降级》,《中国工业经济》2019年第7期。

王曦、陆荣:《中国居民消费/储蓄行为的一个理论模型》,《经济学(季刊)》2011年第2期。

易行健、周利:《数字普惠金融发展是否显著影响了居民消费——来自中国家庭的微观证据》,《金融研究》2018年第11期。

张慧芳、朱雅玲:《居民收入结构与消费结构关系演化的差异研究——基于AIDS扩展模型》,《经济理论与经济管理》2017年第

12期。

张清勇：《中国城镇居民的住房可支付：1991—2005》，《财贸经济》2007年第4期。

周仁、郝前进、陈杰：《剩余收入法、供需不匹配性与住房可支付的衡量——基于上海的考察》，《世界经济文汇》2010年第1期。

二 外文文献

Abraham H. Maslow, *Motivation and Personality*, Nueva York: Harper and Row, Publishers, 1954.

Alain Bertaud and Jan K. Brueckner, "Analyzing Building-height Restrictions: Predicted Impacts and Welfare Costs", *Regional Science and Urban Economics*, Vol. 35, No. 2, 2005.

Alain Bertaud ed., *15th Annual Demographia International Housing Affordability Survey: 2019, Data for 3rd Quarter 2018*, MIT Press, 2018.

Amy Bogdon, Joshua Silver and Margery A. Turner, *National Analysis of Housing Affordability, Adequacy, and Availability: A Framework for Local Housing Strategies*, Department of Housing and Urban Development: Washington, D. C., 1994.

Amy Bogdon and Ayse Can, "Indicators of Local Housing Affordability: Comparative and Spatial Approaches", *Real Estate Economics*, Vol. 25, No. 1, 1997.

Andrejs Skaburskis, "Decomposing Canada's Growing Housing Affordability Problem: do City Differences Matter?", *Urban Studies*, Vol. 41, No. 1, 2004.

Andrew Hamer, *China: Urban Land Management in an Emerging Market Economy*, Washington, D. C., World Bank, 1993.

Anirban Mostafa, Francis K. Wong and Chi M. Hui, "Relationship Between Housing Affordability and Economic Development in Mainland China—case of Shanghai", *Journal of Urban Planning and Development*, Vol. 132, No. 1, 2006.

Annamaria Lusardi, "Permanent Income, Current Income, and Consumption: Evidence from Two Panel Data Sets", *Journal of Business and Economic Statistics*, Vol. 14, No. 1, 1996.

Bertand Renaud, "Affordability, Price-income Ratio and Housing Performance: an International Perspective", Working Paper, No. 52, Centre of Urban Planning and Environmental Management, Univerisity of Hong Kong, 1991.

Bertand Renaud, "The Real Estate Economy and the Structure of Housing Reforms in Socialist Economies", Working Paper, No. 64, Centre of Urban Planning and Environmental Management, Univerisity of Hong Kong, 1994.

Brahima Coulibaly and Geng Li, "Do Homeowners Increase Consumption After the Last Mortgage Payment? An Alternative Test of the Permanent Income Hypothesis", *Review of Economics and Statistics*, Vol. 88, No. 1, 2006.

Chang-TaiHsieh and Enrico Moretti, "Housing Constraints and Spatial Misallocation", *American Economic Journal: Macroeconomics*, Vol. 11, No. 2, 2019.

Charles Himmelberg, Christopher Mayer and Todd Sinai, "Assessing High House Prices: Bubbles, Fundamentals and Misperceptions", *The Journal of Economic Perspectives*, Vol. 19, No. 4, 2005.

Chuanchuan Zhang, Shen Jia and Rudai Yang, "Housing Affordability and Housing Vacancy in China: The Role of Income Inequality", *Journal of Housing Economics*, Vol. 33, 2016.

Claes Backman and Chandler Lutz, "The Impact of Interest-only Loans on Affordability", *Regional Science and Urban Economics*, 2020, Forthcoming.

Danny Ben-Shahar, Stuart Gabriel and Roni Golan, "Housing affordability and Inequality: A Consumption-adjusted Approach", *Journal of Housing Economics*, 2019, Forthcoming.

Donald L. Lerman and William J. Reeder, "The Affordability of Adequate Housing", *Real Estate Economics*, Vol. 15, No. 4, 1987.

E. Baker, A. Beer and C. Paris, *The Development of A Methodology That Provides Indices to Measure and Monitor Housing Need at Various Spatial Scales*, Department for Families and Communities, Adelaide, 2006, Unpublished.

Edward Glaeser and Joseph Gyourko, "The Economic Implications of Housing Supply", *Journal of Economic Perspectives*, Vol. 32, No. 1, 2018.

Edwin S. Mills, "Why do We have Urban Density Controls?", *Real Estate Economics*, Vol. 33, No. 3, 2005.

Elliot Anenberg and Edward Kung, "Can More Housing Supply Solve the Affordability Crisis? Evidence from a Neighborhood Choice Model", *Regional Science and Urban Economics*, 2020, Forthcoming.

Frederick P. Stutz and Arthur E. Kartman, "Housing affordability and Spatial Price Variations in the United States", *Economic Geography*, Vol. 58, No. 3, 1982.

Gavin A. Wood and Alice K. Stoakers, "Long-run Trends in Victorian Housing Affordability and First Transition into Homeownership", *Urban Policy and Research*, Vol. 24, No. 3, 2006.

Andra C. Ghent, Ruben Hernández-Murillo and Michael T. Owyang, "Did Affordable Housing Legislation Contribute to the Subprime Securities Boom?", *Real Estate Economics*, Vol. 43, No. 4, 2015, pp. 820 – 854.

Gill-Chin Lim and Man-Hyung Lee, "Housing Consumption in Urban China", *Journal of Real Estate Finance and Economics*, Vol. 6, No. 1, 1993.

Hafiz A. Pasha, "Comparative Statics Analysis of Density Controls", *Journal of Urban Economics*, Vol. 32, No. 3, 1992.

Han Li, Yehua Dennis Wei and Yangyi Wu, "Analyzing the Private Rental Housing Market in Shanghai with Open Data", *Land Use Policy*, Vol. 85, 2019.

Jeffrey E. Zabel, "Migration, Housing Market, and Labor Market Responses to Employment Shocks", *Journal of Urban Economics*, Vol. 72, No. 2 – 3, 2012.

Jim Clayton, "Rational Expectations, Market Fundamentals and Housing Price Volatility", *Real Estate Economics*, Vol. 24, No. 4, 1996.

John M. Quigley and Steven Raphael, "Is Housing Unaffordable? Why isn't it More Affordable?", *Journal of Economic Perspectives*, Vol. 18, No. 1, 2004.

Jonathan A. Parker, "The Reaction of Household Consumption to Predictable Changes in Social Security Taxes", *American Economic Review*, Vol. 89, No. 4, 1999.

Jonathan A. Parker, Nicholas S. Souleles, David S. Johnson and Robert McClelland, "Consumer Spending and the Economic Stimulus Payments of 2008", *American Economic Review*, Vol. 103, No. 6, 2013.

Joseph Gyourko, Christopher Mayer and Todd Sinai, "Superstar cities", *American Economic Journal: Economic Policy*, Vol. 5, No. 4, 2013.

Ka M. Lau and Si-Ming Li, "Commercial Housing Affordability in Beijing, 1992 – 2002", *Habitat International*, Vol. 30, No. 3, 2006.

Kerwin K. Charles, Erik Hurst and Nikolai Roussanov, "Conspicuous Consumption and Race", *Quarterly Journal of Economics*, Vol. 124, No. 2, 2009.

Keyang Li, Yu Qin and Jing Wu, "Recent Housing Affordability in Urban China: A Comprehensive Overview", *China Economic Review*, 2020, Forthcoming.

Lester D. Taylor and Hendrik S. Houthakker, *Consumer demand in the United States: Prices, Income, and Consumption Behavior*, Springer Science & Business Media, 2010.

Lynn M. Fisher, Henry O. Pollakowski and Jeffrey Zabel, "Amenity-based Housing Affordability Indexes", *Real Estate Economics*, Vol. 37, No. 4, 2009.

Marianne Bertrand and Adair Morse, "Trickle-down Consumption", *Review of Economics and Statistics*, Vol. 98, No. 5, 2016.

Marin V. Geshkov and Josehp S. DeSalvo, "The Effect of Land-use Controls on the Spatial Size of U. S. Urbanized Areas", *Journal of Regional Science*, Vol. 52, No. 4, 2012.

Mark Aguiar and Mark Bils, "Has Consumption Inequality Mirrored Income Inequality?", *American Economic Review*, Vol. 105, No. 9, 2015.

Mary Schwartz and Ellen Wilson, *Who can Afford to Live in a Home?: A Look at Data from the 2006 American Community Survey*, US Census Bureau, 2008.

Michael D. Eriksen and Bree J. Lang, "Overview and Proposed Reforms of the Low-income Housing Tax Credit Program", *Regional Science and Urban Economics*, 2020, Forthcoming.

Michael E. Stone, "Whose Shortage of Affordable Housing? -A Comment", *Housing Policy Debate*, Vol. 5, No. 4, 1994.

Michael E. Stone, "A Housing Affordability Standard for the UK", *Housing Studies*, Vol. 21, No. 4, 2006.

Michelle Norris and Patrick Shiels, "Housing Affordability in the Republic of Ireland: Is Planning Part of the Problem or Part of the Solution?", *Housing Studies*, Vol. 22, No. 1, 2007.

Morten O. Ravn and Harald Uhlig, "On Adjusting the Hodrick-Prescott Filter for the Frequency of Observations", *Review of Economics and Statistics*, Vol. 84, No. 2, 2002.

Nandinee K. Kutty, "A New Measure of Housing Affordability: Estimates and Analytical Results", *Housing Policy Debate*, Vol. 16, No. 1, 2005.

National Housing Strategy, *The Affordability of Australian Housing Issues*, Paper No. 2, 1991.

Nils Braakmann and Stephen McDonald, "Housing Subsidies and Property Prices: Evidence from England", *Regional Science and Urban Economics*, 2020, Forthcoming.

Ori Heffetz, "A Test of Conspicuous Consumption: Visibility and Income Elasticities", *Review of Economics and Statistics*, Vol. 93, No. 4, 2011.

Patirc H. Hendershott and Joel Slemrod, "Taxes and the User Cost of upper Boundital for Owner-occupied Housing", *Journal of the American Real Estate and Urban Economics Association*, Vol. 10, No. 4, 1983.

Peter Ganong and Daniel Shoag, "Why has Regional Income Convergence in the US Declined?", *Journal of Urban Economics*, Vol. 102, 2017.

Philippe Thalmann, "'House Poor' or Simply 'Poor'?", *Journal of Housing Economics*, Vol. 12, No. 4, 2003.

Quan Gan and Robert J. Hill, "Measuring Housing Affordability: Looking Beyond the Median", *Journal of Housing Economics*, Vol. 18, No. 2, 2009.

Raven E. Saks, "Job Creation and Housing Construction: Constraints on Metropolitan Area Employment Growth", *Journal of Urban Economics*, Vol. 64, 2008.

Robert T. Jensen and Nolan H. Miller, "Giffen Behavior and Subsistence Consumption", *American Economic Review*, Vol. 98, No. 4, 2008.

Ross S. Guest, "A Life Cycle Analysis of Housing Affordability Options for First Home Owner-Occupiers in Australia", *Economic Record*, Vol. 81, No. 254, 2005.

Sandra J. Newman and C. Scott Holupka, "Housing Affordability and Investments in Children", *Journal of Housing Economics*, Vol. 24, 2014.

Saroja Selvanathan and E. Antony Selvanathan, "A Cross-country Analysis of Consumption Patterns", *Applied Economics*, Vol. 25, No. 9, 1993.

Valentin Bolotnyy, "The Government-Sponsored Enterprises and the Mortgage Crisis: The Role of the Affordable Housing Goals", *Real Estate Economics*, Vol. 42, No. 3, 2014.

Yan Song and Yves Zenou, "Property Tax and Urban Sprawl: Theory and Implications for US Cities", *Journal of Urban Economics*, Vol. 60, 2006.

后 记

　　无论是发展中国家还是发达国家，中等收入者住房可支付问题是全球面临的共同问题，是学术研究以及政府干预的重点。特别是，近些年一些中国热点城市房价和房租上涨过快，中等收入者住房可支付问题突出，住房泡沫加大，住房保障不足。因此，科学和准确测度住房可支付性对解决住房可支付问题尤为重要。现有住房可支付指数（HAI）基于实践经验和可操作性，将30%住房收入指标以及3—6倍房价收入比指标作为住房可支付标准，不仅缺乏理论基础，不能动态反映家庭偏好和收入变化，而且未将房租和房价可支付性统一在住房消费框架下，不能从理论上说明30%住房收入指标以及3—6倍房价收入比指标之间的关系。因此，本书基于马斯洛需求层次理论构建住房可支付理论边界值并将房租和房价可支付性统一在住房消费框架下，不仅使住房可支付指标动态化，而且使房租可支付指标和房价可支付指标内在关联，克服了传统住房可支付指标的缺陷。为改进和编制住房可支付指数体系，本书在住房可支付理论边界值基础上，将房租和房价可支付标准划分为负担不起、严重支付困难、轻度支付困难和无支付困难四个等级,并对1998—2018年中国35个大中城市房租可支付指数和房价可支付指数及其联合分布进行编制,发现传统住房可支付指标高估中等收入者住房困难程度,低估中等收入者住房支付能力。需指出的是,囿于数据可得性,本书使用城市宏观数据考察中等收入者住房可支付问题,未使用微观数据考察中间收入者住房可支付问题。

本书住房可支付理论模型和理论分析框架最初来自笔者2010年11月发表于《财贸经济》的《中国存在住房支付困难吗》一文,本书住房可支付理论模型基于马斯洛需求层次理论对拙文进一步拓展。鉴于中国住房可支付问题重要性,基于本书理论模型和理论分析框架,中国人民大学国家发展与战略研究院城市与房地产研究中心自2018年开始每年发布《中国35个大中城市住房支付能力指数》研究报告。本书住房可支付理论模型以及住房可支付指数编制是对研究报告的发展和改进,敬请读者批评指正。本书付梓之际,特别感谢中国人民大学副校长、著名经济学家刘元春教授对本书的指导和支持,特别感谢中国人民大学科研处处长、著名土地规划学家严金明教授,清华大学房地产研究所所长刘洪玉教授,北京大学不动产研究鉴定中心主任冯长春教授,国务院发展研究中心原市场经济研究所所长任兴洲研究员,中国房地产业协会会长、原住建部总经济师冯俊教授,中国人民大学国发院城市更新研究中心主任、原住建部政策研究中心主任秦虹教授,国务院发展研究中心市场经济研究所所长王微研究员,中国社科院财经战略研究院城市与竞争力研究中心主任倪鹏飞教授,中国人民大学住房发展研究中心主任、公共管理学院吕萍教授,中国工商银行城市金融研究所副所长殷红博士,北京大学政府管理学院副院长陆军教授,中央财经大学管理科学与工程学院易成栋教授,中国人民大学国家发展与战略研究院城市与房地产研究中心副主任、商学院赵大旋副教授，中国人民大学国家发展与战略研究院城市与房地产研究中心副主任、公共管理学院余华义副教授，中国人民大学商学院刘江涛博士，中国人民大学商学院硕博生王湘君、王琪琳、张思涵、陈昌彧、黄烨华、张莹方，特别感谢商学院硕博生丁言豪和余家玮的协助，没有他们的支持和帮助，本书不可能高质量地出版。最后感谢中国社会科学出版社的大力支持，特别感谢中国人民大学国家发展与战略研究院的资助，使本书得以顺利出版。

况伟大

2020 年 5 月 20 日

于人大明德商学楼